孤立していく子どもたち

貧困と格差の拡大のなかで

しんぶん赤旗社会部

新日本出版社

はじめに

「ここの家は居心地がいいですね」

緊張がほぐれたような笑顔を見せて、あるママ友が、子どもたちの群れているわが家にきたときに言いました。それが、直接会話を交わした最後の言葉になりました。三〇代の若さで逝ってしまった彼女。たくさんの困難を抱え、追いつめられていた彼女。思春期の息子の生活が荒れ、不登校気味になっているのを悩んでいました。彼女自身も病んでいました。もう少し早く、力になってあげることができていたら、彼女は死なずにすんだかもしれない。

無念の思いが、その後の私の取材の原動力となりました。

「子どもの貧困」という問題に光が当てられ、メディアの注目するところとなって、「しんぶん赤旗」の「子どもと貧困」取材班の記者として取材を始めたのは二〇〇八年の秋でした。そして二〇一〇年夏までの連載が、同年一〇月に『誰かボクに、食べものちょうだい』（新日本出版社）という本になりました。

それから六年。ずっと同じテーマを追ってきた私は、家庭でも、自分の子どものまわりの子どもたちのさまざまな事情に取り囲まれながら、日々を過ごしてきました。そのなかで見えてきた子どもたちの置かれている、本人や家族の力ではどうしようもない現実を、もっと多くの大人たちに知ってもらいたい。そういう気持ちが募っても、記者としては書けないことがたくさんあります。記事として発表できるのは、子どもたちの現実のごくごく一部分でしかありません。〝一部〟にとどまらない子どもたちの状況を、『誰かボクに、食べものちょうだい』に続く本という形で読者に届けたいと考えてきました。

本書は、『誰かボクに、……』出版以降に掲載した「しんぶん赤旗」の六つの連載(注)をもとに再構成し、取材と私の家庭での経験をもとに記者ノートなどを加筆したものです。取材・執筆から数年が経過したものもありますが、この子どもたちの生きる現実をつくりだしている社会的な要因は大きく変わっていません。それどころか、この六年の間に、子どもたちはますます厳しい現実に追いやられているように思われます。

（注）「定時制高校で」（二〇一〇年九月）「学費払えない私立高生」（同一二月）「はじかれる子どもたち」（二〇一一年八～九月）「10代の母たち」（二〇一二年一月）「少年法を考える」（二〇一四年三～四月）「今を生きる子どもたち～格差と貧困の拡大のなかでⅠ～Ⅳ」（二〇一六年五～九月）

『誰かボクに、……』のときに一四・二％（二〇〇九年に発表した二〇〇六年の数字）と紹介した厚生労働省による子どもの貧困率は、一六・三％（二〇一五年に発表した二〇一二年の数字）に上昇しました。

「子どもの貧困対策法」が制定（二〇一三年）されたことは前進だといえますが、この法律が実効的な力をもつまでには、まだまだ努力が必要です。

近年では、全国各地で子ども食堂や無料塾などのとりくみが広がってきました。それらが、さまざまな事情を抱えた子どもたちの居場所となり、そこから支援のネットワークが広がりつつあります。わが家でも、ボランティアの協力を得て、食事と学習を通して事情のある子どもたちに支援の手をさしのべる試みを積み重ねています。

しかし、こうしたとりくみは、そうした子どもたちの現実をやわらげることはできても、貧困に追い込まれる子どもたちを作り出さないという根本的な貧困問題の解決にはなりません。

子どもたちが貧困という状況に追い込まれるのはなぜなのか。一人ひとりの子どもたちの具体的な現実を知れば知るほど、これは個人の問題ではなく社会の問題なのだということを痛感します。個人に責任をなすりつける立場からは、貧困問題の解決の道筋は決して見えてこないのです。

例えば、給食費を払えない親を責めることは、親子の生活をより困窮に追い立てることにしかなりません。責められた親は社会的に孤立させられ、問題の解決をますます困難にしてしまいます。自己責任論は、困窮している親子をさまざまな支援の手が届きにくいところへ追いやり、日本社会に用意されているわずかなセーフティーネットさえ、奪ってしまうのです。

土気色になってしまった彼女の、けれど穏やかな死に顔を忘れることができません。泣きはらしたまぶたで遺影を持つ中学生の息子の、まだ頼りない肩のあたりも。

彼女を死に追いやったもろもろの「事情」のなかで、社会が責任を負うべき事柄を追及しなければ。そんな思いで、取材し、書き継いできました。この社会の片隅で日々を暮らしている子どもたちの、世の中への疑問に満ちたまなざしを受けとめた者の責任として。

しんぶん赤旗社会部記者　荻野　悦子

目次

第二章　はじかれる子どもたち　43

第三章　「問題児」のレッテル　73

プロローグ〜カナさん

カナさん（二四歳）に出会ったのは二〇一五年の秋でした。あるシンポジウムで自分の生い立ちを語った彼女は、シンポジウムのあとであらためての取材を申し込むと、こころよく引き受けてくれました。建物の外の公園で「ちょっと一服していいですか？」とタバコを一本。そこにあったベンチに腰をおろして、彼女は深い息をつきました。

数カ月後、メールで日時と場所を確認し、落ち合いました。彼女はシンポジウムの時のように、淡々と自分のことを語ってくれました。

東北地方のある町で生まれ育った清水カナさんは、児童養護施設（注）の出身です。今はホテルの宴会場のスタッフとして時給一一〇〇円で働いています。一年ごとの更新の契約社員で六年になります。

九時間拘束八時間労働というものの、休憩時間は満足にとれません。月二二日出勤で、シフトが決まるのは数日前。ときには前日ということもあります。休日は保障されていますが、前もって次の週の予定を立てることができません。力仕事が多く、体力的にもきついので、「できれば転職したい」というカナさんを、中卒という学歴がしばります。

カナさんが物心ついたころには、母親の姿はありませんでした。あとになって離婚したと聞きました。父親と父方の祖父母との四人暮らし。毎晩、酒を飲んでは祖父に暴力を振るう父親は、働いてもすぐにやめ、事件を起こし、刑務所から出てきてはまた入っていきました。

カナさんは、「貧乏で、モノを買ってもらえなかった。欲しがりもしなかった。給食費の封筒をみて祖母が『ああ、今月も苦しいな』って。でも祖父母は私によくしてくれた」と当時を振り返ります。

小学校四年生のころ、ある日突然、「明日から施設だから」と児童養護施設に預けられました。理由はわかりませんでした。

その後、一度家に戻りますが、祖母の入院で中学一年のとき再び施設へ。そのまま中学を卒業し、「自立」しました。

アルバイトを転々として経済的にも精神的にも行き詰まったカナさんは、一七歳のときに祖父母の家に転がり込みました。父親は所在不明になっていました。

小学生のころのカナさんしかみていない祖父母と、施設で何年も過ごした一七歳のカナさん。三人の生活は長く続きませんでした。カナさんは「私がいないほうがうまくいく」と半年ほどで自立援助ホームに移りました。

養護施設でも援助ホームでも、「風俗」で働こうとする女の子たちが身近にいました。「単純にお金がほしいという子もいたし、依存というのか、必要とされている感みたいなものを求めて入っていく子もいました」

カナさんも、アルバイト先の給料が出ず、所持金が底をつきそうになって別のアルバイトを探していたとき、「風俗」の情報誌を手にしました。「毎日履歴書を書いて面接しても次の仕事が決まらない。もうこれしかないのか、と」。

情報誌を広げて電話する直前で、カナさんは思いとどまりました。「ちゃんとした仕事に就きたいという思いが強かったからだと思います」とカナさん。ようやく今の仕事を見つけて、なんとか一人暮らしを続けています。

「やりたいことは」と聞かれて「私には夢がないんです」と答えたカナさん。今はまだ一日一日をなんとか過ごしていくことで精いっぱいの毎日です。

「ここのお店、おいしいでしょう？　おしゃれだし」と案内してくれた店で、食後のアイスティーを飲みながら、「私には夢がない」といった彼女。高校に進学しなかったのは「勉強がいやだったから」といったあとで、その理由を説明してくれました。

中一のときに児童相談所の一時保護施設に入ったために、学校に行けなくなりました。午前中の三時間が勉強にあてられていましたが、勉強をきちんと教えてくれる人はいませんでした。もともと算数などが苦手だったのが、勉強の遅れが取り返せないまま、七カ月後学校に戻った時には、「何がなんだかわからなくなっていた」と。教師の説明が理解できず、ノートをとっても意味がわかりませんでした。「つらかった。○点以下ですよ」と振り返る彼女。どの資格をとるにも「高卒」が必要だとわかっていても、もう学校には戻りたくないというのでした。

「このまま、もう仕事やめたい、やめたいって文句いいながら、やっていくんだろうなって」――「記者さんもお元気で」と静かな笑顔を浮かべて、数日前の雪が残る東北の町のなかへ去っていった彼女は、いま、どうしているでしょうか。

（注）都道府県、政令指定都市などに設置されている児童相談所が、保護者のいない子どもや虐待を受けているなど家庭で暮らせない子どもについて相談を受け、乳児院（乳幼児）や児童養護施設などへの入所を決める。児童相談所には緊急の場合などのための一時保護施設もある。義務教育終了後、全日制高校に通っていない子どもは養護施設には入れないことが多く、働きながら月額三万円程度の寮費を払って生活できる自立援助ホームで自立をめざす。

第一章　親になる子どもたち

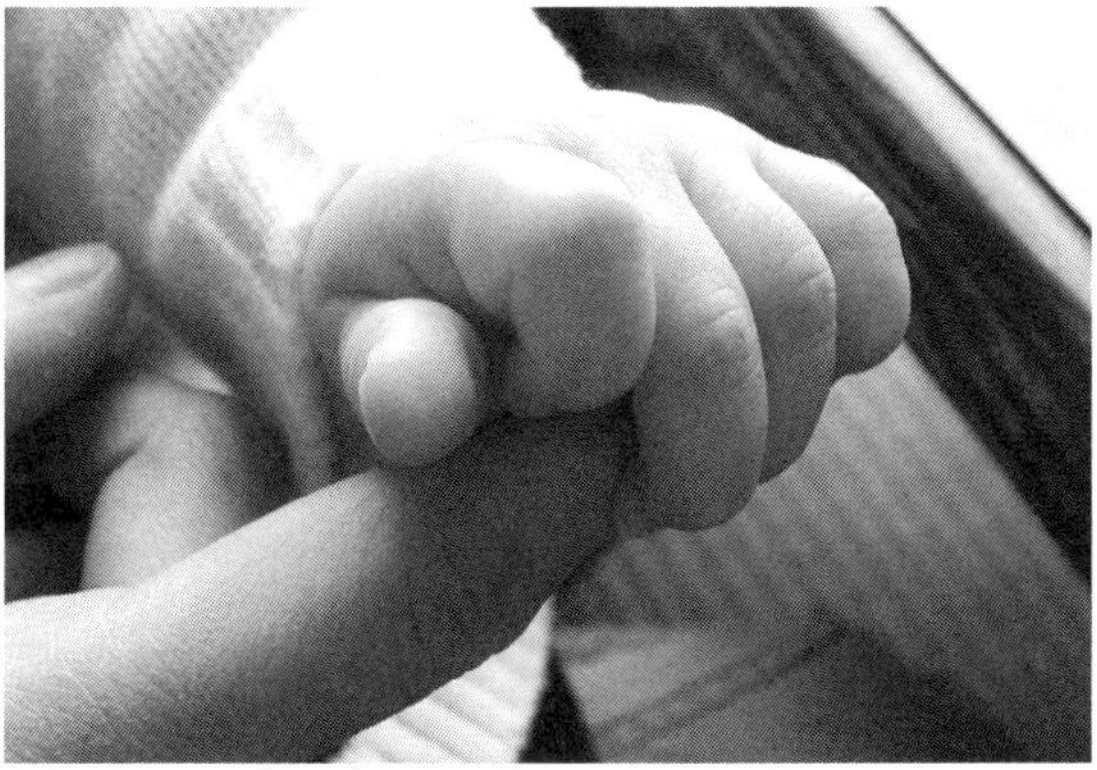

「出会い系サイトで知り合った複数の人と交際していて、三年生で妊娠し、自主退学した」「誰にも相談せず、検診も一度も受けず卒業後の四月に出産」

性の相談がたびたび持ち込まれる、高校の保健室。在学中、退学してから、または卒業後すぐに出産にいたるケースも少なくありません。

子どもたちの相談にのってきた教師たちは、「金銭的な面だけでなく、家庭的に満たされていない子どもたちが、愛情をもとめて、性行為に走っていく傾向があるように思います」と口をそろえます。

DV（ドメスティック・バイオレンス）や「風俗」とも無縁ではいられない子どもたち。

懸命に子育てする若い母親たちの姿を追いました。

絶対、産みたかった

寒くないように着込ませた赤ちゃんを、しっかり抱っこしてあらわれたユキナ（一八歳、仮名）。二〇一〇年の秋、高校二年生で学校を中退した直後に妊娠がわかり、翌二〇一一年七月、女の子を出産しました。

中退の理由は「クラスの人と合わなかったから」でした。「友だちはみんなまじめで、私だけがまじめじゃない」。一番の親友が中退し、幼なじみだった友だちもやめてしまって、自分が学校に通う意味がわからなくなっていました。

お酒は小学生から、タバコは中学生で覚えました。父も年の離れた母親の違う姉も、身近な人はみんな、お酒を飲み、タバコを吸っている環境です。中学二年生くらいから友だちとの夜遊びが始まりました。「まわりの人がみんな、夜、出歩いていたから、それがあたりまえだった」とユキナはいいます。公園にたむろし、冬はカラオケで朝の五時まで騒ぎました。

父親は、姉を産んだ女性と死別し、ユキナの母親と再婚しました。ユキナを産んだとき母親は一八歳で、父親とは二〇歳以上離れていました。ユキナが二、三歳くらいのときに両親は離婚しました。年子の妹もいましたが、妹は母親に、姉とユキナは父親に引き取られました。

父親は病気で働けず、生活保護を受けています。ユキナには病名を教えてくれません。ユキナの赤ちゃんの父親（二二歳）は、刑務所から出てきたばかり。窃盗で逮捕され、未成年だったときに原付バイクの窃盗で鑑別所に入ったことがあったため、実刑となりました。

「彼は、高校、行ってない。不良だから」

ユキナにとっては幼いころから近くにいた兄のような存在で、中三から付き合い始めたといいます。「刑務所に入る前は『自分の子じゃない』みたいなことをいってたけれど、出てきたら、すごく子どもをかわいがるようになった」と、ユキナはうれしそうに話します。

妊娠がわかって、「産む」といったとき、まわりは大反対しました。「でも絶対に中絶はしたくなかった」とユキナ。中三で中絶を経験した幼なじみは、「ちゃんと育てて」とユキナにいいました。「高校に助産師がきて講習会を開いたときは、何人かの女子がトイレで泣いていた。私はその理由を知っているから」とユキナはいいます。

彼氏の母親の借金の問題もあって、二人の結婚は家族が反対しています。「今すぐは難しい」とユキナ。幸い、彼氏は仕事が決まりそうです。「私も働きます。保育所に入れるといいのだけれど、ねえ」と子どもに笑いかけます。

今はユキナの父親とユキナと子どもの三人世帯。生活保護のケースワーカーからは「子どもが一歳になるまでに自立を」といわれています。

「居場所」がなくて

「家にも学校にも自分の居場所がなかったから、男に逃げた」

中学・高校の六年間を振り返るサチコ（二〇歳、仮名）。きっかけは中二のとき、仲のよかった女友だちに「裏切られた」ことでした。「男を寝取られたの。その女は援助交際もやっていて、私も寸前までいってホテルから逃げたことがある。それでその女とは手を切った」。

サチコの両親は炭鉱関係の労働者だったといいます。閉山して仕事がなくなった父親は自衛隊に。駐屯地への単身赴任となりました。母親は四つくらいのアルバイトをかけもちして働きました。「そのうち母の高校時代の男友だちが家に入り浸るようになって」。

母親がサチコを産んだのは一九歳のとき。父親とは二〇歳くらい年の差がありました。

やがて妹が生まれました。

父親が違うのではないか。サチコは悶々《もんもん》とした思春期を送りました。家に帰るのは嫌だからと、交際していた男性や友人の家を転々と泊まり歩き、二カ月帰らないときもありました。

自分の部屋では大音量の音楽を流し、布団にくるまっていたといいます。「自分を守っていたのかな」。そう振り返るサチコ。交際はいつも長続きせず、二、三カ月で相手が変わりました。

高校二年の冬、両親は離婚しました。年が明けて、別居した父親の死が知らされました。自殺でした。

「やさしかったけど厳しかったお父さん。嫌なところもたくさんあったけど、死んでほしくはなかった」

高三の一年間は、「とにかく卒業だけは」との思いで学校に通いました。すぐにおなかが痛くなって保健室にかけこみ、養護教諭に「教室に帰りたくない」と愚痴《ぐち》を聞いてもらっては、教室と保健室を行き来する毎日。「あのころの自分は、ぐちゃぐちゃだったから」。なんとか卒業し、専門学校へとすすみました。家に帰らず、交際していた男性の家から学校に通いました。

やがて、男性が実は結婚していたことがわかりました。サチコの態度が変化するとＤＶが始まりました。殴る、蹴る、突き飛ばす、髪の毛をつかむ、包丁を持ち出す……。

「このままじゃ殺される」

逃げ出してしかたなく家に帰りました。新しいバイト先で出会ったのが今の彼氏です。二カ月後、妊娠。四カ月後（二〇一二年六月）に生まれる予定です。「彼の収入は不安定だから、私も仕事を見つけなくちゃ」と話します。

結婚はまだ考えていません。「子どもにはさびしいとか、つらいとか苦しいとか、そういう思いはさせたくありません。そのためにも自分が納得できる状況になってからでないと結婚はできない」といいます。

妊娠がわかって、かつて愚痴を聞いてもらった保健室の養護教諭にメールを打ちました。

「報告があります。サチ、妊娠したよ。望んでいたよ」

サチコが相談できるおとながそこにいました。

笑顔の違いがうれしい

「産む前はすごく不安だった。育てられるのかなって」

二〇一六年七月、二歳になった七海くんを保育園に送る車中でアスカ（二二歳、それぞれ仮名）がいいます。「暗い色は気分が落ち込むから」と明るく染めた髪。出産は、二〇歳の誕生日の少し前でした。

六歳の時に母親と死別したアスカ。残された子どもたちを男手一つで育てていた父親は借金で夜逃げを繰り返し、アスカたちきょうだいは児童養護施設に入りました。紆余《うよ》曲折の後、アスカは一年遅れで高校に入ることができました。

授業中落ち着いて座っていることのできなかったアスカは、毎日のように保健室に顔を出しました。養護教諭の西田由美子さん（仮名）に、「今まで生きてきていいことなんて一つもなかったし、これからもないと思うから早く死にたいんだよね」とつぶやいたことも。「足の踏み場もない部屋、昼夜逆転の生活、偏食、小学校三年生程度の学力……。知れば知るほど、アスカはたくさんの困難を抱えていた」と西田さんは当時を振り返ります。

結局アスカは三カ月で高校を中退。一人暮らしを始めてまもなく「風俗」で働くようになり、じきにホストクラブの男性との同棲《どうせい》を始めました。「気になって」、連絡を取り続けた西田さんに妊娠の知らせが届きました。

「（妊娠に）気づいたときにはもう中絶できなくて。悩んで、悩んで。かわいいと思えないんじゃないかって」

不安を訴えるアスカを、西田さんが物心両面で支え続けました。相手の男性も一緒に、少しずつ出産・育児の準備をすすめ、不安がだんだん喜びに変わっていきました。出産にかけつけた西田さんに、赤ちゃんを傍らにしたアスカは「幸せ」といいました。

男性はホストをやめ、建設関係の現場の仕事に就きました。アスカも昼間のアルバイトに替わりました。西田さんの紹介した保育園を二人で見に行き、保育の方針に納得して、七海くんを入園させました。

二人の子育てを、西田さんと保育士たちがみんなで助けます。「実は家計が足りなくて」とアスカ。毎月一、二万円足りなくなって、西田さんに借りてしまいます。給料が入るとすぐに返すものの、次の月にはまた足りない。「やりくりできるように、がんばらなくちゃ」というアスカ。西田さんが「お金の使い方を一緒に考えようね」と助言します。

保育園の友だちと一緒に遊ぶ七海くんを、仕事の時間ぎりぎりまで見守るアスカ。「家で私に見せる笑顔と保育園での笑顔が違うんだよね」。その違いが、うれしいのだと。

中三で妊娠「がんばるしかない」

関西の通信制高校を二〇一六年三月に卒業したばかりの松田美優花さん（一九歳）には、もうすぐ四歳になる子どもがいます。

美優花さんは、小学五年生くらいから学習面でつまずき、遊びに夢中になりました。中学校からずっと、「しょうもないことでいっぱい注意された」といいます。上履きのかかとを踏んだとか、寒いからと制服のスカートの下にジャージをはいたとか、上からひざかけをまいたとか。「生徒のためといいながら、自分の気分や、まわりの目を気にして（教師が）いってくるのがわかるねんな」。

同じ年ごろの子どもたちのたまり場で、午前三時くらいまでお菓子を食べながらしゃべったり。酒やタバコに手を出す子もいました。両親は仲が悪く、中二の初めから付き合い始めた同級生の彼氏といるときが一番落ち着けました。

「めっちゃ好きで、いつも一緒だった」という美優花さん。頭のすみをよぎることはあっても避妊を真剣に考えたことはありませんでした。「あのころは先のことを考えたことがなかったから」。

中学三年生の一〇月に妊娠がわかり、高校進学をあきらめました。「母は応援してくれたけど、本当は反対だったと思う。たくさん悩んだけど、産みたい気持ちが大きかった」といいます。

行く先々で冷たいまなざしに取り囲まれながら、家族の支えで無事出産しました。「高校だけは」という母親の希望で、公立の定時制高校に入りました。

美優花さんの両親はやがて離婚。母親は美優花さんと美優花さんの子ども、美優花さんの妹と弟、合わせて五人を養っています。

学校を続けられず、知り合いから「行ってみたらおもろいで」とすすめられた私立の通信制高校に入り直した美優花さん。「ここも最初はだるかった」と振り返ります。必要な単位の授業を休むことが多く、「連絡のとりにくい生徒」の一人でした。遊びたい気持ちが強く、アルバイトも長続きしません。二年生の終わりごろ、みかねた担任教師が「それでいいのか」と語りかけました。

久しぶりに元担任と再会した美優花さんが明るい表情でいいます。「この学校の先生は、ちゃんと一人ひとりのことを考えてくれるし、向き合ってくれる。あのときそれがわかった。今までの学校とぜんぜん違ってた」。

学校に通う日が増え、「授業が楽しくなった。人のことを大事にしよう、その時間を大切にしようって思えるようになりました」と話します。

卒業の二カ月ほど前に、彼氏と別れてしまいました。「束縛がやばかったから」といいます。これからの進路もあいまいです。「やりたいことがない」。それでも、「美優花の一番は子どもの成長。産んでよかったと思えるから、がんばるしかない」と前を向きます。

命の重みを抱く授業

「一〇代の妊娠・出産、未婚の母というケースがめずらしくなくなった今、学校という場で私たち専門職が生まれてくる命の様子を伝えることで生徒たちに学んでもらいたい」と話すのは、長野県伊那市の開業助産師、鹿野恵美さん。駒ケ根市にある県立赤穂高等学校定時制の、性教育講座の外部講師を務めました。

同校定時制は、県の保健師や市の子ども課母子保健係（教育委員会）の協力を得て、毎年、「人生発見講座」を実施しています。妊娠・出産、性感染症と避妊、人工妊娠中絶、デートＤＶ、乳幼児の発達と子育てといったテーマに正面から向き合います。

教案と教材は各学年の正・副担任と保健師、助産師が一緒につくります。八回目となる二〇一一年度の一年生の授業では、妊娠八カ月の妊婦が、生徒たちに赤ちゃんの心音を聴かせる場面もありました。

「みなさんの心音と比べてどうですか?」との問いかけに、「速い。倍くらい」と答える生徒たち。妊婦がいいます。「妊娠してうれしい。夫もすごく喜んでいます。体は大変ですが、おなかの赤ちゃんにいろいろ話しかけていきたい」。生徒たちは真剣な表情で聞き入ります。

学校があるのは製造業の盛んな地域。リーマン・ショック後は、本人や家族が失業した生徒が増えました。二〇一一年には雇用は回復してきましたが、定時制では正規で働いている在校生は一人もいません。対人関係に不安を抱える生徒も多く、中学校までに不登校を経験している生徒も増えています。

性への関心が高い生徒と興味がない生徒と二分化し、早い子は中学時代に性体験をもっています。養護教諭は「生徒たちが性の問題でさまざまな悩みをもち、人権侵害の被害者になっているケースも多かったため」と、「講座」の経過を説明します。

鹿野さんは、子育て相談の場でお母さんから「子育ては思うようにいかない」と相談されることも多いといいます。「小さい命をみんなで大事に育てていく。社会に出る前の高校生が、性の問題、妊娠・出産、子育てについて考える機会をもってほしい」と、講座にかかわっています。

「赤ちゃんなんて抱いたことない。こわいなあ」といいながら、恐る恐る抱っこする高校生。妊婦体験ベルトを巻いて、重そうに動き回る男子たち。赤ちゃんを連れてきた地域のお母さんたちが高校生を見守ります。

講座のあと、職員室にきておしゃべりをしていった二人の一年生の女子がいます。

「赤ちゃん、抱っこしたら泣いちゃうかと思ったけど泣かなかった」

「私の髪の毛、いじってくるの。かわいかったあ」

「小、中学校でも性教育ってあったけど、こういうのは初めて」

「いつも授業中ふざけている男子が一番まじめだったね」

「みんな真剣だったと思うよ」

高校生たちが抱いた命の重み。その記憶は確かに刻まれています。

明日を一緒に考える

公立高校養護教諭・本間康子さん

在学中、あるいは卒業後、「先生、妊娠したみたい。どうしよう」と相談してくる女の子たちが大勢います。親になんといえばいいのか、産むのか、中絶するのか――女の子は妊娠の事実から逃げられません。困り果てて、保健室の私たちを頼ってくるのです。

男の子は、私が女性だからということもあって相談数は少ないのですが、抱えている問題は非常に深刻だったりします。

切羽詰まった状況のなかで、セックス産業に足を踏み入れる子どももいます。

「高校生のくせに」などといったり、事柄の是非を説いたりしても何も解決しません。子どもたちの行動の表層に目を奪われるのではなく、その背景に思いをはせないと。相談にくる子どもたちの多くが、厳しい家庭環境のなかで寂しさを抱いて日々を生きています。

一緒にご飯を食べたり、そこに行けばたわいないおしゃべりができたりするような場所があれば、彼女たちが予期せぬ妊娠にみまわれることはなかったかもしれません。
彼女たちの生い立ちを一緒に受け止めて、明日生きることを一緒に考える。そういう援助が必要です。

子どもたちをみていると、いわゆる「問題行動」は、おとなのほうに責任がある場合がほとんどではないかと思います。彼ら、彼女らは親の愛に飢えています。「ひどい親だ」というのは簡単ですが、親にも事情があります。日々の暮らしがぎりぎりで、家庭を犠牲にせざるを得ないような働き方を強いられ、自分の子どもにゆっくり向き合うだけのゆとりをもてません。生活にもっと余裕があってこそ、親自身も変わっていけるのではないでしょうか。

アルバイトなどで働いている子どもたちは、「仕事がつらい」と口にし、心や体のバランスをくずしていく子どももいます。異常な働き方が蔓延《まんえん》して、日本の社会全体が病んでいるように思います。

学校では、子どもたちの家庭のことにはかかわらない、というスタンスが年々強くなっています。一人ひとりのケースについて話し合っていると、「かかわるな」といわれてしまう。「こじれたときに大変だから」と。子どもたちの生活の土台である家庭がぐらついているときに、そのぐらつきをみようとしないで勉強だけを押し付けているのでは、うまくいくわけがありません。

学校こそが、子どもたちの困難を打開する糸口をみつけ、必要な援助を具体化する「貧困の防波堤」の役割を果たす必要があります。そのために、一学級の子どもの人数を少なくすることと、一人ではなく複数の教員がクラスを担当することは、もっとも急がれる施策です。

学校の先生が、子ども一人ひとりについてよくわかるということが大事だと思うのです。

〔記者ノート①〕

「貧困の連鎖」を考える

子どもたちの「性の現実」

「絶対に中絶はしたくなかった」といったユキナ。彼女のまわりの女子のなかには、中絶した子が何人もいました。高校の性教育の授業をうけて、トイレで泣いた女の子たちの涙の理由をユキナは知っていました。

一方、ある小学生の男子グループでは、友だちの家でコンドームを見せびらかし、「彼女とどこまでいったか」を面白半分に自慢しあう光景がみられたといいます。中学卒業後まもなく、「彼女が妊娠して中絶の費用を出さなくてはならないからアルバイトを探したい」といった男の子もいました。学校教育は、彼らの「性の現実」に追いついていません。

取材した子どもたちの多くが、家庭や学校で自分の存在を認めてもらえずに育ってきています。自己肯定感情が希薄な子どもたちが多く、とりわけ学校が子どもたちを受験というふるいにかけて、序例をつけ選別する役割を果たしているなかで、「ありのままの自分」を認めてもらえない子どもたちが、大勢傷ついています。一部の子どもたちは、規範をはずれることで自分の存在意義を見出すかのようにふるまいます。

あふれる性の情報のなかで、切迫した事情からその傷をなめあうように、あるいは怖いもの見たさ、あるいは面白半分に、男の子も女の子もセックスという行為に逃げていくように感じられます。自分だけに優しくしてくれる人の存在が、彼らにとってどれだけ温かく感じられることか。しかしもたれあうような彼らの関係は、つねに破《は》綻《たん》と背中あわせです。「束縛がやばかったから」と彼氏と別れる選択をした美優花さんのように、あるいは、浮気、ＤＶ、借金の肩代わりなど、別れる理由は山ほどあります。男女が対等平等の人間関係を築くことが難しいからです。

商業メディアによって大量に無批判に流される旧来の男らしさ・女らしさの観念に、多くの子どもたちが無抵抗です。ＤＶの被害者の支援や加害者の更生支援をしている民間機関「アウェア」の事務局長、吉祥眞佐緒《よしざきまさお》さんは、高校生たちへの調査で、男の子は「競争に勝つ」「弱音をはかない」、女の子は「かわいらしい」「従順」などの「らしさ」を、それぞれ自分たちに求めていることがわかったといいます。男女が交際するということは「互いに束縛しあうこと」だと考えている高校生もいます。

こうしたゆがんだ男女観は、力による支配にもとづく人間関係をあたりまえのものとし、望まない妊娠という現実を含むＤＶにつながっていくといわれています。互いに一人の人間として対等・平等な関係をつくりにくく、支配・被支配の関係のまま離れられない状況になるか、関係を続けることが難しくなって別れてしまうか、ということが多いのです。

もちろん、性の正しい知識や、避妊の方法などを彼らにきちんと教えることは必要です。しかし、それ以前に、彼ら一人ひとりが一人の人間として大切にされることがどれほど大事なことでしょうか。性教育のどんな知識も、人間として尊重されない子どもたちには説得力をもちません。

「避妊の方法なら知っている。だけど、それを彼氏にいえない」という女の子が大勢います。男性も女性も、自分の性と同じように相手の性を尊重する、そういう男女の関係を築けるようになるためには、自分が他者から尊重される経験が必要です。それが対等・平等の男女の関係の基盤になるのだと思います。

学校教育が差別・選別の道具となっている現在のありようから、一人ひとりの子どもたちのありのままの存在を大切にする教育へと舵《かじ》を切ることは、そうした意味でも、重要です。

授かった命を大切にしたい

この章の取材に応じてくれたのは、他者から自分が大切にされる経験が少ないまま、自分を尊重することができずに育ってきて、妊娠、出産ということになったときに、親身になって助けてくれる人と出会った子どもたちです。その人との信頼関係が、立ち入った取材を可能にしてくれました。

生まれてくる命をいとおしみ、自分が大切にされなかったからこそ、「授かった命を大切に育てたい」という思いをより強く抱き、精一杯愛情を注ぎこもうとする、まだまだ子どもだけれど、ある部分で立派な大人になった彼らがそこにいます。

しかし、若くして子どもを産んだ彼ら・彼女らの子育てが、多くの困難にぶつかるであろうことは容易に想像できます。毎月、家計が赤字になってしまうアスカは、夫婦二人で赤ちゃんを抱えてフルタイムに近い状況で働いているのに、賃金が低くて生活が成り立たない。支援者の西田さんに当座のお金を借りてやりくりしていますが、お金の使い道を工夫すれば、この赤字の家計から脱出することができるのでしょうか。出費が多くて稼ぎが足りないのは本人の努力の問題なのか、立ち止まって考える必要があると思います。

中学三年生の時に妊娠した美優花さんは、妊娠中、「行く先々で冷たいまなざしに取り囲まれた」といいました。「子どもが子どもを産んで」「ちゃんと育てられるのか」といわれるような「冷たい視線」に苦しめられる若い母親は大勢います。

なぜ、彼らの子育てを社会があたたかく見守ることができないのか。若くして子どもを産んだ親を見る目が冷たければ、彼らに育てられる子どもを見る目も厳しくなり、子どもの存在を否定するような「まなざし」となっていきます。そうして育った子どもは、思春期に生活が「荒れ」やすく、学校教育の規範からはずれて進学や就職が困難になっていく……。非常に単純化した言い方ですが、このように、存在を否定され、いろいろなことをあきらめて育たざるを得ない子どもたちがいます。

連鎖の責任は

貧困だと思われる子どもを取材すると、その親の多くが、やはり貧困だと思われることが多くあります。二世代、三世代と生活保護を受給している家族の事例や親の学歴と子どもの学歴の相関関係など、貧困の連鎖をしめす事実も数多くありますが、問題は、「貧困の連鎖」が〝当事者の責任〟なのかということだと思います。

北海道大学教育学研究院教授の松本伊智朗《いちろう》さんは、「貧困の連鎖」という言葉には、貧困の問題を家族の問題におしこめてしまう印象があると指摘しています。親が貧困だから子どもも貧困なのはしかたがない、それは親の責任だ、という考え方を助長しかねない言葉だという指摘です。当事者の足りないところをあげつらうことは問題の解決には結びつきません。「連鎖」がなぜ起きるのか、その社会的要因を冷静に見ることが必要です。

一生懸命働いても、生活できるだけの賃金が得られない。子どもを預けて働きたくても保育園に入れない。そのような状況では、時間的にも経済的にも余裕がないために「早く早く」と子どもを追い立て、子どものシグナルに向き合えなくなっていくのは当然です。

当事者は、叱咤激励されても、「これ以上はがんばれない」という現状があります。夢や希望を失い、すべてに投げやりになっている当事者もいます。貧困が連鎖するのは、日本の社会が、貧困に陥るとそこから抜け出すのが非常に困難な社会だからです。貧困は特定の家族の問題だとする立場は、社会問題である貧困の解決を投げ捨てる立場だといえます。

長時間・低賃金の労働実態や保育園が足りないという状況は、個々の労働者・親の努力不足ではありません。労働者を使い捨てのように扱う企業、税金を保育園のために使わない国や自治体、そうしたところの責任がもっと問われるべきではないでしょうか。

この章にとりあげた彼らと同じような状況にいながら、寄り添ってくれる大人からの援助のない子どもたちを取材することは難しく、そのような「表に出ない」現実のなかに、今の日本の「貧困の連鎖」の実態があるように思います。

第二章

はじかれる子どもたち

「保育園はライフライン。保育園があったから虐待も心中もしないですんだ」

ある母親は、そう保育士に打ち明けました。

「子育ての力がないまま親になってしまった人たちとも一緒に子育てするのが、保育園の役割です」と保育士は語ります。保育は託児ではない、と。

二〇一五年の「子ども・子育て新システム」の実施により、大勢の保育を必要とする子どもたちが市場原理の波にさらされています。子どもたちの成長だけでなく、子育てに困難を抱える父親や母親の、親としての成長をもはぐくむ役割を果たしてきた保育園が、その姿を大きく変えようとしています。

保育を必要とする子どもたちから、保育の原点をみつめました。

（文中子どもの名前は仮名）

「虐待ということなのよ」

事務所に呼んで話をすると、「生徒指導室に呼ばれているみたい」と話す二二歳のシングルマザー。上の子は四歳児、下の子は一歳児です。

その母親は、子どもにご飯を食べさせることも、おむつを替えることもできません。同じ服装が何日も続きます。保育士が家庭訪問すると、家の中は散らかり放題でした。

保育士が、保育園から帰すときに替えたおむつに時間を書いておきます。翌日、登園するまで一三～一五時間、そのままだったこともたびたびありました。母親に「そういうことが虐待ということなのよ」といいました。母親は、「ええ、そうなの」と悪気なく答えます。おむつ替えはなかなかできるようになりません。母親自身が服を着替えていないこともありました。保育園では登園するとまずおむつを替え、食べさせ、シャワーしたあと服を着替えさせます。

市の子ども福祉課からの緊急依頼で保育園に入園したさとしくん（五歳）は、紙パンツをはいていました。「五歳児なのに」と驚く保育士。父子家庭で、集団生活の経験はまったくなく、排泄《はいせつ》が自立していませんでした。

父親は四〇代。子どもを虐待する母親と離婚し、一人でさとしくんを育てていました。育児のために昼間の仕事をやめ、夜になると家にさとしくんを一人置いてアルバイトに。

さとしくんが四歳の冬、保健師と福祉事務所が保育園入園を働きかけました。父親は生活保護を受け、昼間の仕事を探すために、利用期間が三カ月と決められている夕方のトワイライトステイを利用することになりました。

さとしくんは言葉に多少遅れがありますが、顕著ではありません。トレーニングパンツを使って排泄も自分でできるようになりました。保育園で初めて経験する集団での生活と遊び。かかわるおとなや友だちにも興味をしめして、日々成長しています。保育士がいいます。

「お父さんは、さとしくんがかわいくてしかたがない様子。でも保育園にこなかったら、どうなっていたことか。就学まであと一年しかないけれど、さとしくんが保育園にこられて本当によかった」

カーテンが引かれた部屋

えりかちゃん（二歳）の家はいつもカーテンが引いてあります。父親の帰りは毎日遅く、薄暗いアパートの一室で母子は過ごします。

家庭訪問した保育士が「どうして？」と聞きました。「近所のおばあちゃんが中をのぞいているような気がするんです」と母親がいいます。

母親は三〇代。「夫がお金を出してくれないから、私も働かなければ」と、二〇一一年四月から保育園にきました。産後からかかわってきた保健師が、一歳半健診でも「見守りが必要」と判断し、母親は求職中でしたが、福祉事務所が特例として保育園への入所を認めました。

えりかちゃんは、一歳半くらいの子どもができることができません。おかずはいつもご飯のなかにぐちゃぐちゃにまぜてしまうし、コップはひっくり返してしまうし、言葉も助詞（つなぎのことば）の入らない二語文が少し出るぐらいです。

このくらいの新入園児は朝、保育園で親と別れるときに泣いたり嫌がったりすることが多いものですが、えりかちゃんは五月の連休までは母親と別れるときもまったく泣きませんでした。

ほかの子がもっているおもちゃを羽交い締めにしてとったり、ほかの子の上に乗っかってしまったりすることもあります。

連休のあと、えりかちゃんは母親と別れるときに泣くようになりました。保育士に何度も何度も「ママ来る？」「ママ来ない？」と繰り返します。

やがて、「ママがいい」。えりかちゃんが初めて助詞を使いました。友だちや保育士にも興味をしめし、「あれは？」と名前を聞くようになりました。

母親の仕事が三カ月のうちに決まらないと、えりかちゃんは保育園をやめなければなりませんでしたが、幸い、週に四日の皿洗いの仕事が見つかりました。仕事を始めてから、母親は生き生きとし始めました。「仕事が楽しくてしかたがないんですよ」と笑います。

月曜日から木曜日まで働いて、金、土、日が休みです。金曜日はえりかちゃんを保育園に預けられるので、母親は自分の時間ももつことができます。土日はえりかちゃんを連れて近くの公園に散歩に行ったりしていると保育士に話します。

ところが、福祉事務所からは「働く時間が短いのでもう一日、働かないと」といわれました。母親は、このままでは仕事も保育園もやめなくてはならなくなるかもしれないと不安になってしまったといいます。

「休んでもいいんだよ」

カーテンを閉め切った部屋で生活するえりかちゃんと同じアパートに、もう一人、えりかちゃんと同じ二歳児クラスの園児がいます。

ゆりえちゃん（三歳）。三〇代の母親はうつ病で働くことができず、生活保護を受けています。人とのかかわりが苦手な様子です。

ゆりえちゃんの母親は、ゆりえちゃんを妊娠したことで路上生活に陥ったところを保護されました。

母親は、大学を中退しいったんは就職したものの退職。どこかの男性と知り合って、ゆりえちゃんを身ごもったのです。妊娠がわかって、男性とは別れることになりました。親に頼ることもできず路上生活にいたったといいます。

保健師や福祉事務所に連絡がとられ、出産後、子どもは保育園に入園してきました。保育園でぐんぐん成長するゆりえちゃん。自己主張もするし、動く範囲も広がり、手がかかります。棚の上のものに手を伸ばして落としたり、お迎えのときにはだしで園庭に飛び出したり。

ゆりえちゃんにやけどの痕を見つけた保育士が母親に聞くと、「家でお湯がかかってしまってやけどをした」と説明したこともありました。

母親が保育園に来たくない様子をみせたとき、保育士はいいました。「お母さんがしんどいときにはお休みしてもいいんですよ」。

後になって、母親は「ああいってもらえて楽になれた」といいました。自分からはほとんど話してこない母親。保育士が「園ではこうですけれど、おうちではどうですか?」とたずねると、ぽつりぽつりと家でのゆりえちゃんの様子を話します。

保育士はいいます。「お母さんのいいとき、悪いときというのはよくわからないんですが、ときどき笑うようになって、ああ、きょうは体調がいいんだなって。子どもがこのぐらいのときは手がかかるのがあたりまえだから、大丈夫よって伝えるようにしています」。

保育園が父母会と一緒に開いた夏祭りでは、同じクラスの保護者にまざって、「ヨーヨーつり」の係の仕事をこなす母親の姿がありました。「ちょっと疲れたけれど、大丈夫でしたよ」と報告してくれました。

同じアパートでも、えりかちゃんの母親とは、お互いにまったくつながりはありませんでした。園でも通園の時間帯が違うため、顔を合わせることはほとんどありません。

保育士はいいます。

「困難を抱える人ほど、つながりをつくっていくのが難しいんだなって、お母さんたちを見ていて思いますね。保育園だけが社会との接点になっています。園がそういう親たちの橋渡しをできたらいいのですが」

追い詰められた母親

二〇一一年春、新年度が始まって少したったころ、埼玉県にある私立の認可保育園に、求職中の母子家庭の母親（三四歳）が、入園を求めてきました。子どもは小学生の男児と四歳になったばかりの女児です。市とのあいだで一カ月以内に仕事を探すという条件で入園することができました。

しかし、仕事がなかなか決まりません。「二〇社受けても決まらない。保育園をやめなくちゃならないのかな。もうどうしていいかわからない」と、母親が担任の保育士にもらしました。

話を聞いた園長は「どんな仕事でもいい？」と確かめたうえで、卒園児の父親が経営する小さな工場のパートの仕事を紹介しました。母親は仕事が決まって、安心して子どもを預け、働けるようになりました。

母親が事情を話してくれました。

夫の浮気が続くため、夫婦は同年三月、離婚しました。母親は専業主婦でした。別れた夫は養育費を払ってくれていますが、将来が不安なため働くことにしたといいます。「元夫は転職したばかり。お給料がいくらなのかわからないけど、転職する前の手取りは二五万円くらいでしたから。いつも『厳しい』といってます」。

離婚を具体的に考え始めた年明けから保育園を探しましたが、入れるところがなかなかありません。「求職中の人は難しいですよ」と市の担当者にいわれました。家からは遠くなるもののまだ空きがあるからと、今の園にたどり着きました。市からは「一カ月以内に仕事が決まらなければ退園します」という条件付きの「入園許可書」が届きました。

選ばず求職活動をしましたが、どこでも「お子さん小さいですね」「急に休まれたら困るので、うちでは雇えない」と断られました。「実家が近くにあるので急に休むことはしません」といってもだめでした。

子どもは保育園に入ったばかりで、わあわあ泣いて手に負えず、連れて帰った日もありました。そうした日は、電話で求職活動をし続けました。

人と会うのがいやになり、下痢が続きました。吐き気がするのにもどせなかったり、じんましんが出たり。ストレスからか、体にさまざまな症状が出ました。「期限がどんどん迫ってくる。追い詰められて、おかしくなっていた」と振り返ります。

「保育園に相談してもしょうがないと思っていたんですが、担任の先生が園長先生に相談してくれて」

七月に初給料が出ました。大半が、滞納していた国民健康保険料や国民年金に消えました。「でも、今の職場は子育てに理解があって、社長が、『病気のときは仕事を休んで子どもと一緒にいてやれ』『保育園も学校も行事はちゃんと行きなさい』といってくれるんです」。

母親は、笑顔で話してくれました。

笑顔のない子育て

東海地方に住む美波さん（仮名）は数年前、二〇代前半で花ちゃんを産みました。父親とはネットで知り合い、結婚はしませんでした。両親の援助が得られず、出産後、乳児院に預け、生後六カ月で引き取って一人で育てることに。役所を通じて市内の認可保育園を紹介され、入園の相談をしました。園で使う布おむつも自分で用意しました。「花ちゃんをちゃんと育てたいという思いがにじみ出ていた」と当時の保育士が振り返ります。

職場は駅の近くのドラッグストア。接客の仕事ぶりを会社のカメラが監視しています。時間給で一日一〇時間働いても、親子二人、ぎりぎりの生活です。保育園のお迎えは毎日のように午後七時を過ぎました。フルタイム労働にもかかわらず、社会保険に入れてもらえず国民健康保険でしたが、保険料をきちんと納め、子どもの医療費は無料になりました。

美波さんは、朝の保育園での子どもとの別れの儀式「握手でバイバイ」ができませんでした。値引きのシールが貼られた菓子パンを花ちゃんに持たせて、園の玄関のなかに放り込むように置いていきました。毎日疲れ切っていて、笑って「バイバイ」することができなかったのです。お母さんの後ろ姿を見て立ち尽くす花ちゃん。保育士たちは心を痛めながら、花ちゃんにかかわり続けました。

自分からはなかなかしゃべらない美波さんに、保育士たちは、花ちゃんの園での様子を伝えながら、少しずつ近づこうとしました。

やがて美波さんは、足を引きずるようになりました。いつも体調が悪そうにしています。保育士が「どうしたの？　仕事は休めない？」と聞くと、「収入がなくなっちゃうから」と答えます。生活保護をすすめると、「自分で窓口に行ったけれど、働きなさいといわれてあきらめた」とのことでした。保育士が、「生活と健康を守る会」と連絡をとり、美波さんと一緒に窓口に行ってもらいました。「なんとかしなくてはいけないと思っていても、どうしていいかわからなかった」と美波さん。

保護の受給が決まり、通院ができるようになりました。働く時間も短縮できて、お迎えの時間も早くなりました。花ちゃんを毎日、お風呂に入れることも、「握手でバイバイ」も、ハンドタオルや着替えなどの園の「お支度」も、ようやくできるようになりました。

「友だちのなかで、とんがって、荒れて、突っ張っていた花ちゃんが、友だちとよく遊ぶようになりました」と保育士が笑います。「お母さんの生活が安定してこそ、子どもも安心するんですよね」。

美波さんは、花ちゃんの実の父親との連絡もとり続けていました。

ある日、美波さんが保育士に言いました。

「婚姻届の証人になってほしい」

この一言に、保育士は「投げやりに生きてきた彼女が未来に向かって歩き始めたのを感じた」といいます。親子三人の新しい生活が始まりました。

真夜中に電話が鳴る

夜中の二時、三時。園長の電話が鳴ります。

「子どもが泣きやまない。先生、どうしていいか、わからないよ」

りなちゃん（一歳）の母親からです。精神疾患を抱えています。睡眠薬を飲んで就寝するため、夜中に子どもの泣き声で起きても、脱力感で抱っこもできないのです。

父親はスーパーの店長で、朝早くから日付が変わるころまで仕事です。母親はいいます。「疲れて帰ってくるお父さんを起こせない」。

「うん、うん。わかるよ。明日早く、保育園に連れておいで」

母親の調子が悪いと、朝七時半ころから預かります。病気のため母親は働いていませんが、夜七時まで預かることもあります。土曜日も必要に応じて預かります。

園長は、日ごろの様子を見ていて必要だと考えた親には携帯の電話番号やメールアドレスを教えています。

何年も前に卒園した園児の親から、「緊急で相談があります。仕事が終わったら電話します」とメールがきました。あとの電話で、「娘が部屋から出てこなくなってしまったんです。先生、どうしよう」。中学二年生の子どもです。

「保育園というのは、保護者とともに子どもと暮らしていくところ。親の生活も丸ごと受けとめて相談にのっていくところだと、私はそう考えています」と、園長は語ります。

この園では、在園児でも卒園児でも、子どもの様子から夫婦の問題まで、相談ごとはなんでも受けとめようというスタンスを、園長も保育士も貫いています。

「親御さんの抱えている困難な問題を相談できるような場が、実はあまりないんですね。保育園がそうした役割を果たすことはとても大事です。あそこなら助けてもらえると思ってもらうこと。保育園は『福祉の場』ですから」

「かわいく思えない」

朝の保育園。午前七時をまわると、四歳と二歳の姉弟を連れた夫婦がやってきました。

少しあとに一歳の男の子。次々に早朝保育の子どもたちが登園してきて、ゼロ歳児から四歳児まで、八時には一〇人くらいになりました。

母親と離れたくなくて泣きだす子。一歳の男の子は、体調も悪いのか鼻水が止まりません。一時間近く保育士に抱かれてグズついたあと、ようやく立って動き始めました。「ごきげんなおったみたいねえ」。

一番に登園した姉弟のお迎えは午後五時すぎ。次に登園してずっと泣いていた一歳児のお迎えは夕方六時半くらい。午前七時すぎから午後六時すぎまで、長い長い時間を保育園で過ごす子どもたち。

おもちゃで遊んだり、広いホールをかけまわったり。絵本のコーナーで絵本を読んでとせがむ子もいます。八時半には保育士もそろい、クラスに分かれての保育が始まります。

園長がいいます。「朝の親との別れや夕方のグズグズを受け止める職員がいて、保育園に長くいることが、子どもにとっては『たくさん遊べてうれしい』と思えるような、そういう保育をめざしています」。

一日のうち一〇時間、一一時間を園で過ごす子どもたちがいます。問題は、親の働かされ方にあります。

午前七時から午後七時まで、保育園に子どもを預けて働いていたある母親は、ついに体を壊してしまいました。「本当に疲れきってしまった」と保育士にいいました。大きな病院の看護師でした。

「看護師の仕事は好きだからやめたくないけれど、へとへとになってしまって子どもをかわいく思えない」

職場と交渉して短時間勤務に変更してもらったといいます。

子育てできる働き方を
熱田福祉会保育士・小堀智恵子さん

貧困に陥ると抜けだせないという事実は、貧困そのものをなくしていく施策が求められるということを物語っています。

保育園にお子さんを預ける親御さんの働き方が、子どもを育てる親の働き方ではなくなってしまっています。うちの保育園では、休日は別の保育園に預けて働き、平日もフルタイムとか、ブラックな働き方が目につきます。社会が、子どもを育てている家庭への配慮をしなくなっているんですね。

早寝早起きのリズムが守られる働き方、夕方六時には家に帰り、家族で晩ご飯を食べてお風呂に入って八時には子どもが眠れる、そういう働き方をして、経済もまわっていく、そういう社会であってほしいですね。

家庭環境が厳しい子どもは、多くが、「この世の中は全部敵」「どうせ私のことなんて、みんなキライなんでしょ」と目をつりあげて、周囲との関係を断つようなふるまいをします。本当は、家族や友だちと心を通い合わせてステキな自分でありたいのです。

小さな子どもの情緒をはぐくむためには、親にゆとりがあってわが子がかわいいと思えること、子どもが自分の親の前で自分をさらけ出せることがとても大事です。親子がしっかりかかわれる時間を保障できるだけの経済条件がないと難しいのです。親の労働実態はそのようなゆとりからかけ離れています。

保育園では、小さなうちから一緒に育つ仲間のなかで生活し、たくさんの遊びのなかで友だちとの関係をつくります。大好きなおとなやオモチャを目指してみんなでハイハイしたり、砂場で大きな山を作ったり、夏は水のかけっこをしたり。友だちと一緒に楽しく食事することや目が合ったらにっこり笑うこと。楽しいことの隣に友だちがいる、そういう経験を積み重ねることが自分と社会への信頼をはぐくみます。

保育園は学校に行く前の準備段階ではありません。自分の思いを言葉で伝えること、相手の思いを言葉で理解すること、思いを伝えあいながら、妥協ではなく相手を理解し納得する、そういう力をつけていくことが、子どもたちの生きる力になります。

困難を抱える親子にたいして、保健所や役所が介入できる関係をつくることが難しいという問題があります。保育園は毎日送迎がありますから、保護者との関係をつくりやすい施設です。「きょうはこうだったよ」と、子どものことで保護者と話ができる。それが信頼関係の第一歩です。

子どもが難しさを抱えているとき、親の置かれている社会状況に思いをはせることはとても大事です。親の思いに共感しながら、具体的な援助の方法を考えることが必要です。保育士がそうした役割を果たせるよう、保育士の配置基準など最低基準の抜本的改善が必要ですし、保育士の経験が蓄積されて継承できるだけの、働き続けられる専門職としての待遇改善が求められます。

〔記者ノート②〕

託児ではなく保育を

「保育園は貧困の防波堤」といわれています。家庭が困難を抱えているとき、子どもを真ん中に父親や母親に寄り添い、一緒になってその困難を乗り越えるために力をそそぐ、子ども自身に困難を乗り越える基礎となる力をつける、そうした役割が保育園には求められていますし、それが可能なのが保育園です。

表情のとぼしかった子どもが保育園での生活を通して豊かな表情を見せるようになったり、自分の思いをことばで表すことができるようになったりします。子どもの対人関係の基礎がつくられる乳幼児期に、子どもたち一人ひとりがそのありのままの存在を認められ大切にされながら、ほかの子との関係、大人との関係をつくっていく。子どもたちが社会の荒波のなかで生き抜いていく力の基礎は、そのようにして子どもたちのなかにはぐくまれていきます。

親もまた、子どもの変化によって、保育士の働きかけによって変わっていきます。保育士が子どもと親にむかって働きかけられる環境が、保育園が貧困の防波堤の役割を果たすうえで決定的に重要だと思います。親の抱える具体的な生活の問題にたいして、他の機関とも連携して援助できる環境が保育園であり、保育は福祉なのです。

新制度後の状況は

保育士の数や子ども一人あたりの施設面積などには国の最低基準が定められており、この基準を満たしているのが認可保育園（認可園）です。この間、国や保育園が足りなくなっている自治体の多くは、「お金がかかる」認可園を増やそうとはしなかったため、認可外の保育園が多数つくられてきました。

二〇一五年四月から、「待機児童をなくす」というふれこみで「子ども・子育て支援新制度」が始まりました。認可園を増やすのではなく、保育にも市場原理をもちこみました。この章の記事の多くは新制度導入前の保育園を取材し、保育から「はじかれる」可能性のある子どもたちを書いたものです。新制度によって、保育園と子どもたちの置かれた状況はよくなったのでしょうか。

二〇一六年二月二九日、衆院予算委員会で取り上げられた「保育園落ちた日本死ね」という匿名ブログについて、安倍首相は、「（匿名なので）実際本当に起こっているかどうか、確認しようがない」と答弁しました。数日のうちに日本中から「落ちたの私だ」と怒りの声が巻き起こりました。続々と寄せられた声のごく一部（ネットで紹介されたもの）を拾うだけでも次のようなものがあります。

「〇歳四カ月、両親フルタイム両実家遠方で不承諾だった。認可外も少ないしどこも数十人待ちで、『今年入園できる方は去年の四月からお待ちいただいてる方です』ってマジで。保育園足りないよ」

「求職時、二人の子を同時申込したら、上の子だけ入園許可で下は待機児童に。でも『上の子を入園させた以上、二カ月以内に仕事を見つけないと退園』だと。下の子の預け先を必死で探し、やっと見つけた一時保育は時給より高い保育料。何の罰ゲーム？　仕事しちゃいけないってこと？」

「長男二歳のころ保育園申請したけど落ちました。待機二〇人では無理と思って幼稚園に入れて預かり保育を利用しながらパート……でも時間的に五、六万くらいしか稼げないから家計の足しという程にはならず。県外に引っ越して結局今も専業主婦。働くまでのハードル高すぎ」

「再就職決まってるのに保育園入れない。あと一カ月切ってるのにほんとどうしたらいいんだよ」

「なんとか小規模保育に入れることになったけど、二年後にまた保活しなくてはならないのを考えるとほんとつらい。しかも今回より厳しそうだしほんとに会社辞めざるを得ないことになるんじゃなかろうか」

保育園が足りなさすぎるという叫びと、そこから立ち上がった子育て世代の運動のうねりは、新制度によって問題は解決せず、むしろ悪化させていることを明らかにしました。

厚生労働省が二〇一六年九月二日に公表した二〇一六年四月一日現在の保育所待機児童数によると、認可保育所を希望しながら入所できない子どもの数は九万人を超え、二年連続で増加しました。

国の最低基準より多く保育士を配置している自治体にたいして保育士一人あたりの子どもの数を増やすよう要請したり、定員超過となる場合の補助金減額の猶予期間を引き延ばしたりといった詰め込み保育の推進や、定員が二〇人を超えても保育士は半分でいいとする認可外の「企業主導型保育」など、規制緩和という手段で保育の受け皿を増やそうとした安倍政権の「待機児解消」プランの破綻は明らかです。

保育は福祉

保育園の数が足りないという現実はまったく変わらないまま、保育の質の低下が深刻な問題としてあらわれています。新聞連載時よりはるかに多くの子どもたちが、これまでの保育士たちの努力によって積み上げられてきた本当の意味での保育からはじかれようとしています。

一〇年以上前、学童保育の整備充実を訴えたある母親が、私に「子どもはコインロッカーに預ける荷物じゃない」と劣悪な学童保育の環境への怒りをぶつけたことがありました。今、その声は保育園に向けられるものになっています。

子どもが午前八時に登園し、午後六時に退園するとしたら、その時間だけ子どもの面倒をみることが保育なのでしょうか。それは保育ではなく「託児」です。また、食事や排泄などの子どもの世話をすることだけが保育ではありません。

保育士集団として子どもの成長について意見をかわし、保育の方針をたて、実践し、振り返り、次にすすむ。保育の仕事は、直接子どもの相手をするだけではない部分もたくさんあり、それが保育の全体を支えているのです。

取材に応じてくれた保育園がそうであるように、子どもたちの家庭の問題にも踏み込みながら、子どもの成長にとってよりよい方向を探り、親と一緒に子どもの養育にあたることが福祉としての保育の本来の姿ではないでしょうか。

最近ある株式会社の経営する保育園に就職した保育士は、「面接のときの話とちがって、実際に働き始めたら限りなくブラックだった」とこぼしました。末日になるまで次の月のシフトが決まらない、勤務時間内にはやりきれない仕事があるのに残って仕事をすると「早く帰りなさい」と叱られ、残業しても残業代は出ない、労働の内容と待遇が見合わない。就職から一カ月を経ずに、退職を決意したといいます。

こうした保育園がすべてではないにしろ、価格に応じてサービスを提供する保育園と従来の保育園が、市場原理のしくみのなかで競わされています。国による保育士の処遇改善策は二〇一七年度予算まで先送りにされました。その中身もわずか二パーセント、月額約六〇〇〇円の増額にとどまります。ベテラン保育士には月四万円以上引き上げるとしていますが、全産業平均から約一〇万円も低い賃金実態の改善には程遠い「引き上げ」です。

「保育士さんがいつも疲れている」とか、「うちの子の園にはベテラン保育士がいない」、「毎年たくさんの先生が入れ替わる」などの声が母親たちから寄せられます。保育士が専門職として誇りをもって働き続けることができるだけの待遇改善が急務です。

子どもの「今」を大切に

市場原理による競争が持ち込まれるなかで、「貧困の防波堤」となるはずの保育園が、格差と貧困を押し広げる役割を担わされつつあります。

文部科学省による「幼小連携」の掛け声のもと、入学前にひらがなが全部かける、数字がかけて簡単な計算ができる、学校にあがったとき、授業中おとなしく席に座っていられる、そのように子どもを育てることが保育園にも求められようとしています。

保育園では生活の営みのなかで、それぞれの子どものそのときどきの発達課題に即した遊びと人間関係を発展させていくことで、子どもたちの豊かな成長をはぐくもうという努力が重ねられてきました。そうした「保育」の営みは「小一プロブレムの解消」の圧力の前に軽視され、狭い意味での「学力向上」が求められるようになっています。

一部の保育園では、五歳児の昼寝をなくしたり、ひらがなや計算のドリルをやらせたりしています。それらは子どもの発達上の必要から提起されていることではありません。大人の一方的な「学力向上」の都合を子どもに押し付けているだけです。

子どもたちは早くから「できる子」「できない子」という視線をあびて育ち、「できない子」がまるで人間としての価値がないかのように思い込まされていくのです。

子どもにとって本当にのぞましい就学前教育のありかたは、もっと国民的に議論される必要があると思います。福島大学教授の大宮勇雄さんは以前のインタビューのなかで、「まわりのおとなや友だちとの関わり合いのなかで、失敗や成功を重ねながら、何かを知ることの楽しさや、難しいことに立ち向かうおもしろさを経験していくこと、生きる意欲につながるものを育てること、そうしたことが非常に大事」と語っています。このような人間の成長の力の根幹にかかわることは、時代が少し変わったからといって変わってしまうようなことではありません。

私のまわりの子どもたちを見ていて感じるのは、過熱する受験競争のもとで、「将来のため」という理由で、小学生が小学生らしい時間を過ごせず、中学生が中学生らしい時間を過ごせないという環境の子どもへの影響の深刻さです。

子どもたちがその年齢なりの子どもらしい時間を過ごせないまま、友だちとの自由な遊びの経験のなかで自然に身についていくはずの社会性を欠落させているようにみられます。年齢よりも非常に未熟な自己表現力や対人関係が、暴言・暴力やいじめの横行、ひきこもりなどの問題につながっていくのではないでしょうか。「学力向上」の掛け声は、就学前の子どもたちに「将来のために今を犠牲にしなさい」と強いるものです。その子どもの「今」という時間をもっと大切にしてこそ、人格の基礎が豊かにはぐくまれるのではないでしょうか。

子育てのよりどころ

保育園は、厳しい労働条件のなかで働く親たちの支えとなり、いろいろな事情で働けない親にとっても、子育てのよりどころとなるところです。保育園を通して親同士の関係がつくられていくことも大事です。送り迎えで顔を合わせ、言葉をかわす。互いの子どもの成長に目配りする。行事で分担したことをいっしょにやりあげ、ねぎらいあう。保育園のときの親同士のつながりが、学校にあがってからも、子どもが大人になってからも、困難にぶつかるたびに力になると語る親たちは大勢います。

親たちを孤立した子育てに追い込まないようにするためにも、親同士が、子育てを互いに支えあう仲間としてつながりあえるようにすることが、専門職としての保育士・保育園に求められると思います。そのためには、保育士の待遇改善は欠かせません。

貧困は孤立と背中合わせです。親同士がつながりにくくなっている今、ここでも保育園と保育士の果たす役割は大きいのです。

第三章

「問題児」のレッテル

「オレなんか、この世から消えたらいい」。それまでの淡々とした語り口から、急にうつむき、ようやく声を絞り出して、そう語った高校生がいます。クラスメートにいじめられ、教師に相談した中学生は、「高校はどうするの」としか言われず、死を考えました。

小学校も中学校も、進学の準備のための予備校のようになっています。少なくない子どもたちが学校生活のなかで深く傷つけられ、心を病んだり、暴力でモノを壊したり、人を傷つけたりします。

今の学校や社会の「ルール」からはじき出されてしまう子どもたちが、どのような事情を抱えているのか。社会からはじかれていく子どもたちと、困難のなかでも子どもたちとつながり続ける努力をしている大人たちの姿を追いました。

（文中子どもの名前は仮名）

「一人でがんばらなくていい」

「おまえら全員死ね。おとななんかみんなクズだ」。そういって包丁を振り回す。支援団体の職員Mさんに出会ったばかりのフミト（一三歳）は、まわりのおとなを攻撃し、布団に潜って涙を流していました。

二歳違いの兄と四〇代の母親には、知的障害がありました。二人とも障害者手帳を取得していなかったため、障害福祉の制度を利用できず、家族は孤立して生きてきました。

一人で兄弟を育てる母親は、攻撃的な言動で周囲を「敵」にし、仕事はどれも長続きせず、生活保護を受けていました。アパートの部屋は床も見えないほど散らかり、食卓にはコンビニ弁当やカップめんの空容器が山積みになり、コタツをつけたまま外出して子どもが脱水症状を起こしたこともありました。

この家庭では子どもの健全な成長は期待できないと行政に判断され、児童相談所が母子分離の方向で介入しようとしました。福祉事務所のケースワーカーに支援を要請されたM

さんが家庭を訪問すると、「子どもが連れて行かれてしまう」と泣き叫ぶ母親の姿がありました。母親の家庭教育力は脆弱《ぜいじゃく》で、子どもたちの生活は乱れていましたが、Mさんは「この家族は母親の愛情で守られている」と感じました。

何度も訪問して時間を共有し、母親に「お母さん、がんばってきたよね」と声をかけ続けました。ある日、フミトが泣きながら訴えてきました。「お母さんとお兄ちゃんはバカだし、おれがいくらがんばったって、家きれいになんないじゃん。こんな家、友だち呼べないじゃん」。

「そうだねフミト、うんとがんばったね。お母さんもがんばってるよね。これからは家にお友だち呼べるように、いろんな人の力を借りてMと一緒に部屋の片付けしよう。もうフミト一人でがんばらなくていい」。月四回ほどの訪問を重ね、一年以上かかって、親子がMさんに笑顔を見せるようになりました。

Mさんが援助して、福祉事務所のケースワーカーや児童相談所、学校のスクールソーシャルワーカーたちと連携し、母親と兄は障害者手帳を取得。福祉のサポートが受けられるようになりました。二人とも不登校気味でしたが、学校での人間関係も少しずつ改善し、落ち着きが見られるようになりました。

母親はいま、初めて一つの職場で二年以上続けて働けています。「私たちのこと、こんなに考えてくれた人、いない」とMさんを頼る母親。「子どもたちを育てる自信もなくて、施設に入れられたら自分は死のうと思っていた」とMさんに打ち明けました。

出会いから四年、夕暮れの公園に兄弟の声が響きます。「Mの番だよ、早く」。ブランコを高くこいで靴飛ばし。「やったあ、Mの勝ちだね」とMさん。冷え込んできたにもかかわらず、「お風呂を洗ってたから」と裸足にサンダルで出てきた母親が、ブランコの光景を見て笑います。「おかしな子たちだね。ああ、おかしい」。

「きょうは終わり。またね」と車に乗り込むMさんを見送る三人の影が、暗がりのなかに溶けていきました。

「美容師になりたい」

「美容師になりたい。ぼくにはほかに選択肢がないから」。都内の専門学校に通うヒロキ（一七歳）はいいました。

ヒロキの両親は、ヒロキが幼いころに離婚しました。ヒロキと弟は近所に住む母方の祖父母の援助も受けながら、母親に育てられました。母親は精神的に不安定で、仕事も続きません。小学校六年の冬、母親が入院すると、ヒロキと弟は祖父母の家に行きました。

夜遅くまで友だちの家に入り浸る、欠席が増えるなど、生活が荒れ始めたヒロキ。母親が退院して母子三人の暮らしに戻っても、中学に入学しても、ヒロキの生活は落ち着きませんでした。

母親は、思春期の長男の度重なる外泊や不登校、親への反抗に「どうしていいかわからない」と、ママ友にもらしました。母親たちが、「聞いてあげることしかできないけれど」と、連絡をとりはじめた夏の初め、ヒロキの母親の死が知らされました。

自殺でした。その三日ほど前に学校の個人面談がありました。「『お母さんがちゃんと登校させないと、といわれた』という内容のメールが最後だった」とママ友の一人はいいます。ヒロキの母親は不眠のために薬を服用し、朝起きるのが大変だったことを別のママ友が知っていました。

ママ友たちはヒロキの祖母と連絡をとり、ヒロキと弟をみんなで見守っていこうと相談しました。

　ヒロキの不登校は続きました。「明日は行く」と約束しても、夜なかなか寝付けず、起きられない。やっとの思いで登校しても「別室指導」が待っていて楽しくない。「学校に行く意味がわからない」といいました。

　不登校の仲間と「つるんで」時間を過ごしました。酒、タバコ、万引き……。週末は仲間が住むアパートの一室で、「オール」（徹夜でゲームをしたり語り明かしたりすること）。そのころ、同級生の別のたまり場に通ってくる、学習支援のボランティアの学生と知り合いました。

「荒れ」は続きましたが、ボランティアの学生は、いつもヒロキと仲間たちの話を聞いてくれました。中三の春、祖父母の家の近くの学校に転校しましたが、つながりは切れませんでした。ときどき夕食を一緒に食べたり、遊んだり。「笑顔が増えた。生活が落ち着いて将来のことも考えられるようになったみたいだった」と、今は社会人になったボランティアの青年が語ります。

　祖父母の援助で専門学校に進学できました。二カ月ほどたって、「美容師の仕事はおもしろいと思う。勉強は正直つらいこともあるけど、生きていかないといけないから」とヒロキはいいました。

母親を亡くしてから五年。ヒロキは自分で自分の将来を切り開こうとしています。

「母の財布に三円しかない」

「お母さんの財布に三円しかない」

東海地方の小都市に住むコウスケ（一三歳）が、中学校の養護教諭に告げたのは、寒さも厳しくなった秋の終わりでした。

不登校気味で教室に入れず、「保健室登校」のコウスケ。母親も学校の敷地内に入れないため、養護教諭は学校の外で母親と会ってはコウスケのことを相談していました。この日、「三円しかない」というコウスケの訴えに、ただならぬ事態を考えた養護教諭は、すぐに市のスクールソーシャルワーカーに連絡して対策を講じました。

つばのある帽子とマスクで顔をおおい、うつむきかげんで表情を見せない母親は、「息苦しい」といって支援団体の建物に入れませんでした。何かにおびえるように震えています。下から冷え込みが立ち上がってくるような路上で、一緒に外に出たスタッフに、「ごめんなさい、ごめんなさい」と繰り返す母親。「あなたのせいではないですよ」と肩を抱くスタッフに、ぽつりぽつりと、生活の状態を語り始めました。

母親は一〇年ほど前に離婚し、パートで働きながらコウスケを育ててきました。児童扶養手当をもらったこともなく、いつもぎりぎりの生活でした。

少し前に「リストラ」といわれて解雇されました。一年半ほど前からガスと水道が止められ、家賃の滞納もありました。トイレは近所の公共施設ですませ、風呂は数日に一度銭湯に。学校に行けないコウスケと二人、昼間は外に出ず、息を潜めるように過ごして、銭湯にも人目につかないよう夜遅い時間に行きました。

所持金が底をついても、なす術がありませんでした。一人で働きながら必死になって子どもを育ててきた母親には、誰も頼れる人がいなかったのです。

スタッフは、「しばらくここで、食事とお風呂と洗濯ができますからね」と支援団体の居場所について説明し、ほかの人の入らない事務所に母親とコウスケを入れて、食事を出しました。

居場所に子どもを通わせることなど、当面の生活について相談した母親は、スタッフに「とにかく、あったかいみそ汁がありがたかった」と礼をいって帰っていきました。

後日、支援者が親子のアパートを訪ね、一人ではどうしようもない状態にまで散らかった室内を掃除しました。コウスケは「床を初めて見た」とつぶやきました。

それから数カ月。コウスケはだんだんと居場所になじみ、自分を表に出せるようになってきました。母親も、居場所にきているときにはリラックスできるようになりました。「お母さん、よく子どもを手放さないでがんばってきたね」という支援者たちの思いが伝わったようでした。

「ブラックはしないよ」

「オレは、ブラックなことはしないよ」——タケシ（一四歳）はいいます。同級生の多くは高校への進学が決まりましたが、タケシは受験しませんでした。「ブラックなこと」というのは、「詐欺の手先とか、そんな感じの仕事。小遣いもらえるって」と説明します。

小学生のころから「落ち着きのない子」といわれてきました。ある日、父親が家を出ていきました。母親は夜も働いています。勉強についていけず、生活も荒れていたため、中学校では最初から「問題児」扱いされました。教師による体罰を受けたこともあります。「リモコンで頭、殴られた」。タケシは強い口調で言いました。

中学二年生の夏休みごろから、生活の荒れはひどくなりました。酒・タバコ、万引き……。友だちの家で「オール」し、コンビニの前でたむろし、夜中の公園を徘徊《はいかい》することも。地元の警察には何度も呼ばれました。

「早く働いて収入を得たい。ちゃんとした仕事がしたい」と話すタケシ。中学卒業後の進路はまだ決まっていません。

「そういう子どもはどこにでもいる」と、少年事件にかかわってきた弁護士の多くが口にします。「事件を起こした少年たちも、みんな、ちょっと見たところではどこにでもいる少年です。ただ、その生育過程で重いものを抱えている場合が多いのです」。

ある事件の加害少年（事件当時一三歳）は、強盗殺人で家庭裁判所に送致されました。警察の調書には「こういう人は、殺してもいいと思った」と書かれていました。

付添人として少年に面会した弁護士は、「私は君の味方になるよ」と伝えました。「こういう人は殺してもいい、ってだれのセリフ？」と聞いた弁護士に、少年は、「刑事さん」と答えました。

事件の事実関係を確かめるなかで、警察の筋書き通りに少年が自白したかのように調書が作成されたことがわかりました。

少年は、家族の会話がない家庭で育ち、小学校に通うこともできませんでした。両親はパチンコ依存の傾向があり、家賃を滞納して、一時期ホームレスとなって車上生活を送ったことも。児童相談所に保護され、施設に入りましたが、父親の就職を機に家に戻りました。母親には知的障害がありました。

親も学校も、不登校の少年を放置しました。「職員の手伝いをすすんでやる、とてもいい子だったのに」と施設の職員は話します。中学に入るころから万引きを繰り返し、地域の「不良グループ」との〝つながり〟ができたようでした。

ぽつりと表に出る思い

別のある少年事件について、担当した弁護士のAさんが語りました。それは、成人と複数の少年による強盗殺人でした。少年審判では、最年少（事件当時一三歳）の少年の殺意の有無が焦点となりました。少年の付添人となったAさんは、少年にていねいな聞き取りをし、行為の結果が予測できない未熟な少年が主犯の成人に指図され、犯行に加担していった経過を明らかにしました。少年にとって主犯の成人は「怖いけどやさしい人」で、ほかの少年たちとの仲間関係が壊れるのを恐れた結果でもありました。

少年院での生活は、少年にとって人生で一番落ち着いたものとなりました。「ここには三度のご飯がある。ちゃんと眠れる場所がある。ぼくにとって今までで一番いいところです」。

Aさんは、少年に、殺された人の人生を語りました。その人の実像が伝わったとき、少年は「小さいときかわいがってくれたおばあちゃんを思い出した」と涙を浮かべました。

少年が書いた作文には「いつも（被害者の）夢を見ます。とてもつらいです。まじめに生活していきたいです」とあります。

「今までで一番いい」生活を通して、少年には、相手の気持ちを思いやり、自分の気持ちを表現する力がついていきました。

少年院を出るとき、少年の世話をする人はいませんでした。Aさんが、靴も服もかばんも用意して迎えにいきました。Aさんは「福祉的な支援が必要」といいます。少年はいま、地元を離れ、アパートを借りて一人暮らしをし、自立の道を模索しています。

弁護士の仲里歌織さんは、ある少年を担当したときのことを振り返ります。

その事件は厳罰が予想されるものでした。少年は警察に勾留され、取り調べを受け、家庭裁判所に送致され、少年の立場を代弁する役割を担う付添人についてて説明されたのち、当番弁護士の仲里さんと面会しました。

「私はあなたの味方」という最初の一言に、初対面で緊張していた少年の心が動くのが感じられたと仲里さんはいいます。「それまではずっと罪を立証しようと追及されるばかりで、少年の言い分を聞く人はいなかった」と仲里さん。処分が決まるまでに五〇回ほど少年に会いました。

記憶のなかの一番幼い自分。家庭のなかで起こるあれこれ。「そのとき、あなたはどう感じたの?」、仲里さんのていねいな問いかけに少年が心を開いていきます。

ぽつり、ぽつりと表に出る彼の思い。自分を語れるようになることで、少年は自身の罪と正面から向き合えるようになりました。審判の場で、立ち直りを願うおとなたちに囲まれて、少年はしっかりと処分を受け止めた様子でした。

孤立しない社会基盤を

「私は、子ども・若者が、生きづらい社会に適応するすべを身につけてほしくて、この仕事を選んだのではありません。『そのままでいいんだよ』と伝えたいんです」と話すのは、福島県郡山市にあるNPO法人ビーンズふくしまのスタッフ、山下仁子《じんこ》さん。「誰かがありのままの自分を認めてくれたら、それが生きる力につながるから」と続けます。

ビーンズふくしまは、「子どもの生きる力を引き出し、育てる」を目標に、家庭訪問による支援活動をはじめ、各種の講座やイベント型の活動などを行っています。対象となる家庭を支える関係機関のネットワークの構築に力を注ぎます。

事務所のある郡山市の中心部から、車で一時間ないし一時間半かけて、対象の家庭を定期的に訪問します。現在一〇家庭一五人の子どもが支援の対象になっています。

スクールソーシャルワーカーや福祉事務所のケースワーカー、児童相談所などの関係機関から、家庭訪問をしてほしいと相談が持ち込まれます。すぐに本人に会えるとは限りません。何回も訪問し、子どもとの信頼関係をつくるところから始めます。

「信頼関係がなければ、子どもに声は届かないですからね」と山下さん。部屋に入れてもらえるまで、何度も訪問し、声かけを重ねます。

貧困のなかで夢を失い、リストカットを続ける子ども、貧困のストレスで親からの虐待を受けている子どももいます。学習より医療機関への通院が必要な子どもや、学校に行かないことで自分を守っている子どももいます。地域で孤立している家庭が多く、関係する学校や地域の専門家たちを集め、一つひとつのケースの検討会議を何度も繰り返して、対象家庭の生活を丸ごと支援するチームをつくります。医療関係者や警察の力を借りることもあります。それぞれの視点で意見が違うなど時間がかかることもありますが、「必要なことは丁寧にやる」といいます。

山下仁子さんの話

心を込めて向き合うことを大切にしていますが、貧困のなかにいる子どもは心だけではカバーできない。貧困は社会的な問題だからです。子どもたちを取り巻く環境をいかに変えていくかが重要だと感じています。

経済的な貧困が解決されれば家庭全体の抱える課題が解決されるというわけではありません。貧困故に劣悪な家庭環境での生活を強いられている子どもは、生きるエネルギーそのものが低下していて、本来、子どもがもっている学ぶ意欲、知識欲は失われていることが多い。子どもの将来を守るために、地域にない資源はつくることから始めます。

貧困家庭の複合化した問題をひもといていくのは容易なことではありませんが、子どもが希望を失うことほど悲しい現実はありません。貧困をその家庭の抱える問題ととらえるのではなく社会全体の問題ととらえ、必要な資源を整備すること、各地域で継続した支援を提供すること、貧困家庭が住み慣れた地域で安心に守られて、孤立しない社会基盤を整備することがとても重要です。

〔記者ノート③〕

はじき出さない学校と社会を～「問題行動」は子どものSOS

「オレなんか、この世から消えたらいい」。彼が絞り出したその一言には、いまこの日本という国で暮らすたくさんの子どもたちの追い詰められた思い、「自分の存在のありのままを認めてほしい」という叫びが詰め込まれているように感じます。この六年間、「子どもの貧困」というテーマとあわせて、いじめ、不登校、非行などを取材し、大勢の子どもたち、かつて子どもだった大人たち、親たち、教師たちの話を聞いてきました。

いじめ、不登校、昼夜逆転、スマホ依存、ゲーム三昧、暴力・暴言、摂食障害、飲酒・喫煙、万引き・窃盗、これらは子どもたちの「問題行動」といわれています。

不登校の当事者を取材すると、自分の体験としていじめや体罰の問題が語られることが多く、非行の当事者は不登校になっていることが多くあります。こうした「問題行動」によって学校という社会からはじき出され、進学や就職の機会を失い貧困に陥る、あるいは、家庭の貧困がベースにあることが子どもたちを「問題行動」に走らせやすくする、そうしたことも指摘されています。いじめ、不登校、非行と貧困は、少しずつずれながらも重なり合い、学校と社会が「問題行動」に寛容でなくなるなかで、深刻さを増しています。

「問題行動」の解決のためにゼロトレランスという教育方法が日本の学校教育に持ち込まれて、何年もがたちました。トレランスの訳は「寛容」で、ゼロトレランスというのは寛容度ゼロということです。学校の規律を守らせるために規則で子どもたちをしばり、違反を数え上げて点数をつけ、罰を科し、最終的には学校から排除することにより子どもたちの「問題行動」を取り締まるという方法です。

自主退学を促した学校

二〇一六年二月下旬のある日、一人の高校生から「同級生が退学させられる。助けてほしい」と電話が入りました。話を聞くというと、その晩、四人の高校生がわが家を訪ねてきました。

礼儀正しくあいさつをする彼ら。一人がいいました。「暴行事件を起こしてしまったんです。問題を起こしたのが三回目なので、規則によって自主退学するようにいわれました」。

四人から詳しく話を聞くと、いろいろないきさつで関係がよくなかった下級生に先に暴力をふるわれて、怒りのあまりやりかえしたところ、次の日に相手が警察に訴え、学校が処分を決めたということでした。

「どんな理由があっても暴力はだめだよ」と私がいうと、「先生だって毎日、暴力してます」といいます。

「問題児」というレッテルを貼り付けた生徒たちだけを、怒鳴りつけたり、脅したり。「態度が反抗的だから」と机を倒したり、肩を押したり。修学旅行に遅刻した生徒を駅で取り囲み、殴る。彼らは学校で日常的に教師による暴言・暴力にさらされ、直接被害を受けない子も、脅しと暴力で物事を解決するさまを見せつけられているようでした。

「そんな学校でも、友だちがいるし、高校は出たいからやめたくない」という彼ら。力になることを約束し、学校に出向いて管理職・生活指導主任・担任と話し合いました。

学校は最後まで体罰の事実を認めませんでしたが、数日たって、処分は撤回になったという連絡がきました。

教育という営みの放棄

この子どもたちが、下級生とのもめごとを暴力で解決しようとしたのは、日常的に体罰という暴力をふるう教師の責任が大きいでしょう。「親の暴力を子どもが学んでいる」というケースであればなおのこと、そうした暴力の文化から子どもたちを守ることが学校には求められます。子どもの素行を「正す」ということは、教師の暴力が容認される理由にはなりません。

暴力で物事を解決する術しか知らない彼らに退学を迫ることは、暴力で物事を解決することを容認することにしかなりません。学校の問題は減るように見えますが、彼らの問題は解決されないまま残ります。それは社会のなかで新たな問題を生み出すことにつながるのではないでしょうか。

子どもを暴力の文化から守る専門職であるはずの教師たちが暴力をふるう。「問題行動が三回目だから」という理由で子どもを学校から排除する。暴力の容認とゼロトレランスは同一線上にあることを、まざまざと見せつけられた思いがしました。それは、教育という営みをあきらめ、放棄することに他なりません。

ゼロトレランスは、子どもたちの「問題行動」がなぜ起きるのかをいっさい顧みず、罰によって行動を矯正するという考え方です。体罰とイコールではありませんが、子どもを取り締まりの対象とする考え方は同じです。生徒の問題行動に悩む学校にとって画期的な教育方法であるかのように持ち込まれましたが、旧来の管理主義教育の行きつく先だったにすぎません。そこには子どもたちの学ぶ権利をどう保障するかという考えはありません。

暴力を容認するのか

学校での体罰の実態は、実は相当根深いのではないかと私は感じています。表向きには体罰は否定されていますが、取材した子どもたちの話からは深刻な広がりをもっていることが感じられます。

不登校の当事者だった伊藤書佳《ふみか》さんは、自身の子ども時代に受けたひどい体罰の体験と二人の子どもを育てたときの経験から、「私の子どもたちの学校の様子を見ていても、学校の状況はあまり変わっていない。殴られて顔が腫れるような暴力はなくなったかもしれませんが、体の傷としてあとに残らないような体罰や言葉による暴力は依然としてあります」と話しています。私の長男も数年前、中学の教師に「態度が反抗的だ」として、下駄箱に体を押し付けられ、襟首をつかまれたことがあります。子どもたちのありのままの存在を受け入れないことと、体罰にいたる「子ども観」(子どもをどのような存在としてみるかという子どもの見方)の根は一つです。教師にリモコンで頭を殴られたタケシの受けた屈辱感を、どれだけの大人たちが理解しているのでしょうか。

体罰が明らかになれば、その教師は「指導」され、減給や停職などの処分を受けます。しかしそのような処分でその教師は本当に体罰を反省できるでしょうか。「それはどうでしょう」と疑問視するのは、赴任したばかりの学校で先輩教師が体罰で処分されたという経験をもつ教師です。体罰防止の研修が年に数回おこなわれますが、そうした研修を受けてもなお、「(あの先生の体罰は)しょうがないね」「子どもと親も悪いよ」というようなことをいう教師もいるのだといいます。

体罰をふるう教師のまわりには、たいてい見て見ぬふりをする何人もの教師たちがいます。別の中学校で子どもたちから体罰があると聞いて学校に相談に行ったとき、「そういうことがあったら私は自分の体をはって、子どもを守ります」と言った教師がいました。問題はそういうことではないのです。殴られるのをかばうのではなく、教師が生徒を殴るような事態を許してはいけない。暴力でものごとを解決しようとする考え方が学校にあることを容認していることが大問題なのです。

貧困の当事者は、自身またはその親が暴力の被害者だったり、加害者だったりします。私が取材した当事者で、暴力とは「無縁」と言い切れる人はいませんでした。貧困は、ＤＶや虐待などの暴力と密接に関係しています。体罰＝暴力の肯定は、新たな貧困の芽をつくるものだと思います。

教師の体罰が根絶できない要因の一つに、職員会議の形骸化《けいがい》があると思います。処分をちらつかせて教師を脅しても、子どもに言うことを聞かせる手段として日常的に体罰を振るっている教師に真の反省を促すことはできません。体罰をふるうのは、そうすれば子どもに言うことを聞かせるのが簡単だからです。〝子どもは大人の言うことを聞くもの〟、〝大人に支配されるもの〟という子ども観がそこにあります。教師自身が管理され、「成果」を上げるために急がされているからでもあります。職員会議で教師たちが子どもとの関わりについて自由に議論できる雰囲気があること、教師同士の、また、親も含めた、自由で民主的な人間と人間のやりとりのなかでこそ、子ども観の過ちがただされ、問題解決の方向が見えてくるのではないでしょうか。

社会のまなざし

ゼロトレランスの考え方は、学校だけでなく広く日本社会全体を覆っています。「悪いことをした子どもを厳しく罰するのは当然だ」という声を背景に少年法が改定（二〇一四年）され、少年事件の厳罰化がすすみました。

少年事件にかかわる弁護士たちは、罪を犯した少年が本当に自分の罪と向き合い立ち直っていくためには、傷ついた少年の自己の回復が必要だと訴え、厳罰化によって少年事件は減らせないし、少年の立ち直りにもつながらないと、この間の少年法の改定に反対しました。

「事件」を起こした少年の多くが、その背景に貧困・虐待やいじめ、複雑な家庭環境、学校での居場所の喪失などの問題を抱えているといわれています。家庭裁判所の元裁判官で弁護士の多田元《はじめ》さんは、「非行少年の多くは、犯した罪とそこにいたった自分の生育歴に、いっしょに向き合ってくれるおとなとの出会いから立ち直りのきっかけをつかんでいます。非行が少年にとってどういう意味をもっているのか、少年を理解すること抜きに、少年の立ち直りをはかることはできないのです」と、二〇一四年の取材のときに話していました。初めて少年と面会するときに、「私はあなたの味方だよ」と伝えることの大切さを、何人もの弁護士が語りました。

厳罰化はこうした反対の声を押し切ってすすめられました。罰によって罪を償わせるやりかたが、社会のそこかしこに浸透してきているのではないでしょうか。そうしたなかで、社会全体の子どもたちへのまなざしが厳しくなっているように思われます。

不登校の現状は

学校や家庭で自分の存在が受容されていると感じることができない子どもたちは、自分の存在を主張するかのように「問題行動」を見せます。進路の話しかしない教師、成績に左右される親、疑問をさしはさむ余地を見せない大人たちの態度、そうした周囲にたいしての悲しみや憤りの表現が「問題行動」なのです。反社会的あるいは非社会的な行動に出る子どもたちは、自分が社会に受け入れられていると感じられてこそ、社会の規範を受けとめ、自分の人生を前向きに生きることができるのだと思います。

こうした問題と貧困問題は、切り離すことができません。貧困の渦中にある子どもが「問題行動」を見せることも多いし、「問題児」のレッテルを貼られた子どもが、学校や家庭での居場所を失い、貧困に陥っていくことも多いからです。

学校では、なんでもいいあえる友だち関係をつくることが難しくなり、もめごとを力で解決する風潮が強まっています。学校の求める力をもつとされる子どもが評価され、そうした力をもたない子どもが排除されていきます。家庭にいろいろな問題を抱える子どもは、学校が評価する力をもちにくく、夢や希望をもてなくなっていきます。また、貧困な家庭の子どもは、家庭で落ち着いて勉強できる環境にないことが多く、競争によって点数をあげるための勉強を強いられるなかで本当の意味での勉学のおもしろさを会得する機会も少ないのです。そうしたことが不登校の要因となっていることもあります。

文部科学省の調査によれば、年間三〇日以上の長期欠席の子どものうち「不登校」の子どもが一二万人を超えているというのが日本の学校の現状です。この数字のなかには、毎日のように遅刻しながらがんばって登校している子どもや、ときどき登校するけれどもまたすぐ休むようないわゆる「五月雨《さみだれ》登校」の子どもは含まれません。

さまざまなきっかけで不登校になったとき、親の多くは、「なんとかして学校に戻そう」とします。そうしない親は放任と思われ、ネグレクトを疑われることもあります。親自身の抱える困難はかえりみられず、学校・教師の多くが親に「子どもを学校にこさせるように」と要求します。毎朝学校に、登校するかどうかの電話をいれなければならない。それが、不登校の子どもを抱える親にとってどんなにつらいことなのかを思いやってくれる学校や教師は少ないのです。

ヒロキの母親は、自身が不眠で薬を服用し、朝、子どもを登校させる時間に起きることが非常に困難な状態でした。彼女がどんな思いで個人面談にのぞんだのか、教師が彼女の事情に関心を持ち、少しでも思いやることができていたら、「お母さんがちゃんと登校させないと」という話にはならなかったと思います。ヒロキが母親の死をどのように受けとめ、美容師になろうと決意したのか、取材は不十分なままに終わりました。ただ、学校に行けずに苦しんだ彼が、そういう選択をするまでに成長したこと、そしてもう何もいうことのできない彼の母のことを書き留めたいと考えて記事にしました。

子どもに寄り添う

同時に、「お母さん、事情はわかっていますから、毎朝電話しなくても大丈夫ですよ」といってくれる教師もいます。個々の教師の努力によって助けられた子どもも大勢いるはずです。

東京都内のある中学校の教師は、三人の子どもが不登校状態のまま高校受験を控える三学年に進級したクラスを受け持つことになりました。教科の指導、校務分掌（学校運営において必要な業務の分担）、クラス全員の進路指導をしつつ、運動部の顧問もしています。限られた時間をやりくりしながら、「なんとかしたい」という思いで、不登校になっている三人の子どもの一人ひとりの状況を把握し、家庭訪問や親との面談などの努力を重ねています。

親がＤＶで離婚した、学校でいじめられた、義父との関係が悪く「非行」傾向にある、など不登校のきっかけはさまざまです。一人の生徒とは定期的に会って話す関係ができています。いじめで深く傷ついた親子は、面談を拒んでいます。「今は見守るしかない」と、この教師はいいます。もう一人の生徒の「非行」に心を痛める教師は、「生徒の『問題行動』で学校が荒れた時期に、学校を立て直すためという理由で他の生徒の学習の邪魔になる生徒を排除する傾向が生まれた」と指摘します。進路の相談を含め生徒の生活に深くかかわりながら、信頼関係を築こうとがんばっています。

この学年は各クラスに二～三人、学年全体で一二人が、教育委員会に報告が必要となる「不登校」の状態になっています。一人の教師ができることには限界があります。それでも粘り強く関係を作り続けようとする教師の努力には頭が下がります。

登校刺激（学校に行かせようとすること）は不登校の子どもたちにとってよくないということは、不登校の子どもたちの親の会やその関係者の間では共通の認識になっています。「学校に戻す」ことよりもまず「子どもに寄り添う」ことが大事だといわれています。不登校は、不登校になった子どもの内面に問題があるのではなく、一人ひとり違っていてあたりまえの子どもたちを受け入れる態勢のない学校に問題があると考えるべきです。

とはいえ、教師が「学校を休んでもいいですよ」とはいいづらい状況があります。一人ひとりの事情がかえりみられないまま、不登校の「件数」を減らすことが求められているためです。そのような対応では、不登校を生み出している現在の学校の状況を変えようという考えは生まれません。過度な競争をあおり、ついていけない子どもをふるいにかけるという学校の抱える問題をそのままにして、休むことが必要な子どもにも登校を促すことは、子どもと親を追い詰め、さらには学校環境そのものを悪くすることにつながります。

「学校に行けないのは子どもが弱いから」「いじめられる子にも原因がある」「非行なんて本人の問題でしょう」などの見方はまだまだ広く社会に残されています。一方で、不登校や非行の当事者グループや親の会の人たちは、いわゆる「問題行動」は、子どもたちが発しているSOSだといいます。

SOSを発する子どもたちの多くが、家庭や学校に居場所がないと感じています。居場所というのは、ありのままの自分、自分という存在のまるごとを認めてもらえるところということです。「問題行動」は自分という存在を認めてもらえない苦しみをわかってほしいという子どもたちのSOSなのです。

第四章　バイト漬けの高校生

「おれ、けっこうかわいがってもらってるし。やめる気はないよ。うちの職場、思いっきりブラックだけどね」

直前に組まれるシフト。サービス残業。有休どころか、試験前だと言っても休みがとれない。劣悪な労働環境の下で、それでも働かなければならない高校生たちがいます。

「公立に受からなくて親に迷惑をかけたから」「自分の使う分は自分で稼がなくては」「弟や妹もいるし」

公立高校の授業料が年間で一一万八八〇〇円。無償化は一部にとどまり、所得制限の導入によって子どもたちのあいだに分断が持ち込まれつつあります。

アルバイトに追われる高校生と親の思いを追いました。

（文中仮名）

家計のために編入

授業が始まってから、五月雨のように教室に入ってくる生徒たち。一人ひとりに教師がたずねます。「教科書ありますか?」「忘れました」「隣のクラスで借りてきて」、このやりとりが繰り返されます。

音楽プレーヤーのイヤホンを耳にしたまま、斜めにいすに腰掛けている生徒もいれば、ヘアアイロンで髪の毛をいじる茶髪の生徒もいます。最後列では数人のおしゃべりが続いています。一方、前のほうの机で真剣に授業に集中する生徒も何人か。「授業以前のことがたくさんある」とため息をつく教師。それでも化学の実験になると、ほとんどの生徒が目を輝かせて試験管の試薬の化学変化に注目します。「留年できない。ママに迷惑かけられないから」と教師に話す生徒もいます。

定時制高校に赴任して四年がたつある教師は、生徒が飽きないように授業を工夫し、一人ひとりに一回ずつは声をかけるようにしています。「さまざまな問題を抱えた生徒一人ひとりにパーソナル（個別）に対応する。そこに今の定時制高校の意義があると思います」と話します。

どの授業も一番前で熱心にノートをとっていたのは林とも香さん（一八歳）。三年生です。「今、学校がすごく楽しい」と語ります。

とも香さんは母子家庭で育ちました。すぐ下に妹がいます。はじめは全日制の私立高校に通っていました。一年生の冬、母親が仕事中にけがをし、しばらく働けなくなりました。とも香さんのアルバイトで家計をやりくりすることに。仕事の疲労で遅刻や欠席が増え、学校に呼び出されて、「アルバイトをやめなさい」といわれました。やめると生活の糧がなくなってしまうため二カ月ほどがんばりますが、続きませんでした。結局、その高校をやめ、二年生から公立の定時制に編入しました。

母親は四四歳。けがが治って仕事を探しますが、正規の求人はありません。ファストフード店で時給八八〇円のアルバイトをしています。とも香さんは時給八五〇円でファミレスの仕事です。

とも香さんは、「きちんと自立したい。母は離婚するまで専業主婦で、経済的に父に依存していました。ひどいＤＶを受けていたのに、なかなか別れる決断ができなかったんです。私は自分の生きがいとして仕事をもつことが大事だと思う」といいます。「将来は看護師になりたい。高校を卒業して、看護学校に進学するつもりです」。

滞納分夏のバイトで

首都圏の公立の定時制高校に通う吉田裕一くん（一七歳、三年生）は、「『お金がないと学校に行けないの？』首都圏高校生集会」の実行委員をしています。活動のため、週末はアルバイトをいれていませんが、平日は毎朝七時半から一一時くらいまで、ファミレスのウエーターをしています。

「母は、バツ2なんですよ」と話します。最初の離婚は裕一くんが小学校にあがる前。母親は小学校二年のときに再婚し、中学一年のときにまた離婚しました。二番目の父も再婚で、前の妻とのあいだに娘がいました。「離婚の理由はくわしくはわからないけれど、子どもの前でも平気で大げんかしていましたから」と言います。

母親には経済力がありませんでしたが、「もめた」うえで、母親が裕一くんと二歳上の兄の二人を引き取りました。

母親は保険の外交をしていましたが、病気で働けなくなりました。一家の収入は、大学生の兄と裕一くんのアルバイト代と奨学金です。

「母は病気のことはあまり話してくれません。生活保護も受けたくない様子です。理由はぼくにはわからない」と裕一くん。母親はお金の管理も苦手なため裕一くんが家計の管理をしています。「ぼくの必要最低限以外は、アルバイト代の全部が生活費です」。

裕一くんが三年生になった二〇一〇年の四月から授業料は無料になりましたが、そのほかの学校納付金と給食費をあわせて毎月八〇〇〇円以上かかります。夏休み前に払うことができなかった滞納額は三万円を超えていました。夏休みのアルバイト代が入り、ようやく払うことができました。

裕一くんは中学二年のとき、家出を繰り返しました。「何もかも木っ端みじんにしてやりたかったけど、殴る相手がいなかったから。母は殴れなかった」。家に帰りたくなくて、公園で野宿をしたり、知り合いのところに身を寄せたり。実の父親のところに数カ月、身を置いたこともありました。「学校に行くとなると家に帰らなくてはならないし」。登校しない日々が続きました。

「離婚さわぎで勉強どころじゃないというのはありました。でも、それをできないことのいいわけにしたくない」

成績不振と出席日数不足で志望校の受験に失敗し、別の全日制高校に通い始めますが続かず、一年生の冬に退学しました。アルバイト生活のなかで「やっぱり友だちと同じ高校に行きたい」と定時制を受け直し、入学しました。

「ぼくは友人の存在が唯一の学校に行く理由だった。今は、勉強したい。学んで新しい知識を獲得することが実は好きだったんだと気がついたんです」

「いざとなったときおとなは助けてくれない」と冷ややかにつぶやく裕一くん。「どんな人でも学ぶことによってその人の可能性は開花する。だからお金のあるなしで高校に行けないなんておかしい」と言い切ります。

ほかにはない選択肢

中国地方に住む橋本ひろみさん（一八歳）。妹（一六歳）が二〇一〇年春、定時制高校に入学しました。

「私が私学に通っているから。妹は、絶対公立でなくては、って」

母親の由美子さん（四五歳）は空調設備関係の事業をしていた夫と離婚するまで専業主婦でした。ひろみさんが小学校五年生のとき、億に近い負債を負って会社は倒産し、離婚して転居しました。

由美子さんはうつ病で働けない状態のため、離婚直後から生活保護を受けました。

二人の姉妹は小学校でのいじめがきっかけで不登校になりました。中学校でも欠席がち。ひろみさんは、どうしても高校に行きたいと思いましたが、欠席が多いために内申点重視の公立高校はあきらめざるを得ませんでした。

妹は、「いつも定員割れしているからこの高校なら大丈夫だろう」といわれて、公立高校を第一志望にしました。公立高校の授業料の無料化が決まって倍率があがり、不合格になりました。公立高校の二次試験もだめでした。残った選択肢は定時制でした。「学校は楽しいですよ」。妹が姉と母を前ににっこり。ひろみさんがいいます。「私たちはいじめにあって学校に行きたくても行けなかった。学力もついていかない。選択しようにも選択肢がないんです。行きたい学校があっても、行ける学校がない」。

支援金制度ができても

「もう四カ月、長男の学費を滞納しています」と話すのは、冠婚葬祭業の営業をしていた荒川佳枝さん（四五歳）。高校三年生の長男と高校一年生の長女をもつシングルマザーです。長男は中学校のときからの不登校のため、公立への進学をあきらめて「一人ひとりの生徒を大事にしてくれる私学へ」と進学しました。長女は二〇一〇年に授業料が無料になった公立高校に進学できました。

荒川さんは長男の毎月の学費を必死の思いで払ってきました。以前から県の制度で年収が三五〇万円未満の世帯は授業料が全額助成されていますが、施設設備費などの学費は保護者負担です。荒川さんは二〇一〇年度、毎月一万三二〇〇円の学費負担があります。

「それが、払えないんですよ」

営業職のため、基本給は一〇万円で、あとは出来高しだい。減給もあり、月収はいいときで一七万円。「引かれてしまって六万円だったこともある」といいます。市営住宅の家賃が五九〇〇円。お風呂もなく、給湯も、エアコンもない。「仕事で必要な自動車を持っているために生活保護も受けられませんでした」と話します。

一〇月には無理なノルマを課せられ、自己都合で退職に追い込まれました。

荒川さんに届けられた学校からの「授業料等の滞納に伴う措置について」という通知には、「正当な理由なくして授業料等の納入を延滞した者については、登校を停止することができる」との厳しい文言もあります。「でも、学校は私を信頼して待ってくれているんです」と荒川さん。「一二月に振り込まれる母子手当（児童扶養手当）で何とかします。一二月から失業手当も出ますから、それでやりくりして新しい仕事を見つけたい」。

埋まらぬ公私間格差

生活のためにアルバイトをしている私立高校二年生の池田友里さん（一七歳）は、「住んでいるところによって差があるのはおかしい。国が私立学校にもっとお金をかけてほしい」といいます。

池田さんの家は母子家庭。中学三年生の妹がいます。地方のある県庁所在地の都市で暮らしています。母親は自動車会社の不規則な時間帯のパートの仕事とファミレスのアルバイトのダブルワークです。

「就学支援金で助かった部分もあるのは事実です。でも、うちの県の私学助成は昨年（二〇〇九年）より減らされました。うちの厳しい状況は変わらない」と友里さん。お金のことで、ときどきやけになって酔っ払ってしまうことのある母親を見るのがつらいといいます。「お母さんが一人で泣いていたりするから」。

酔った母親から「あんたなんかいなければよかった。お金ばかりかかって」といわれたこともありました。

友里さんは平日週五日で平均九時間、週末は三時間から一六時間、ファミレスでアルバイトをしています。バイト代の二割は家計に組み入れています。「大学に進学したいから、そのぶんは自分でためないと」と必死です。

学校で、私学助成拡充の運動をすすめている高校生や教師に出会い、自分もと署名集めや集会、パレード、行政との交渉にのぞみます。高校生が学費軽減の運動に加わることを批判的にいう人もいます。

「じゃあ、誰がやるんですか？　って。自分たちの問題だから。おとなの人たちが動かないから私たちがやるんですって答えています」と友里さん。大学で貧困問題を学びたいといいます。「この格差社会を乗り越えるためにどうしたらいいのかを勉強したい」。

〔記者ノート④〕

学ぶ権利の保障をもとめて～教育の自由を考える

「高校だけは卒業してほしい」というのは、多くの親の共通の思いです。経済的に苦しくても、子どもが学校にいけない状況でも。ほとんどの職場・専門学校で、「高卒以上」の学歴が就職・進学の条件だからです。

九七パーセントを超える高校進学率。これは、日本において高等学校が一部の特別な人たちのためのものではなく、すべての国民に必要とされる学びの場であることをあらわす数字でもあります。それなのに、高等学校の学費徴収の考え方の根っこには「受益者負担」の考え方がいまなお貫かれています。

一九六六年に国連総会で採択された国際人権規約一三条は、高校や大学の教育を段階的に無償にすると定めています。締約国一六〇カ国中、二〇一二年八月にこの条項を「留保」していたのは日本とマダガスカルだけでした。欧米のほとんどの国が高校の学費を無償にしてきたなかで、世界第二位の経済力をもつ日本は、国連・社会権規約委員会からの勧告にもかかわらず、国内の学生、教職員、父母、国民各層の「留保撤回」を求める運動に背を向けてきました。二〇一〇年、民主党政権によってようやく高校授業料無償化の動きが始まり、二〇一二年九月になって、日本政府は「留保撤回」を閣議決定し、国連に通告しました。

「受益者負担」の授業料助成

二〇一〇年四月の高校授業料無償化は国公立高校の授業料部分に限られ、私立高校には就学支援金という形の助成となりました。学費を無償化するのではなく、あくまでも授業料を補助するという考え方です。政府は、一人当たりの助成額は国公立の授業料年間一一万八八〇〇円と同額だから公平だと説明してきましたが、国公立学校の施設設備等は基本的に国と自治体が負担しています。もともと国・自治体が国公立学校に出しているお金と私学に出しているお金には数倍以上の開きがあるのです。

ＯＥＣＤ諸国の私学は多くが「公営私立」（経費の半分以上が公費で運営されるしくみ）です。日本は私学の割合が比較的多い国ですが、「独立私学」といって経費の半分以下しか公費が投入されていません。公費が少ない分、「受益者負担」となって授業料・施設設備費等の保護者負担が増えるのです。

日本では、ほとんどの職種で「高卒」以上の学歴が求められているのに、希望する子どもが入れるだけの公立高校が設置されず、三割を超える子どもが私立高校に進学しています。東京では、高校生のなかでの私立高校生の割合は五七・八一パーセント（二〇一六年）に達します。

大都市以外では、私立高校は公立高校からあふれてしまう子どもたちの分の受け皿として位置付けられてきました。国と自治体は、大都市部も含めて、公立高校を増やすのではなく公立高校の定員を定め、公私の進学率を調整し、受験戦争というしくみで子どもを選別し、公立に入れない子どもを私立高校へと誘導しました。公立高校への入学希望者がすべて公立高校に入学できるという状況はつくられないまま、「公立には入れないが、社会的な状況から高校には進学しなければ」という子どもたちの教育を担ってきたのが私立高校です。「私学はお金持ちが好きでいくところ」でも「私学を選んだのだから授業料が高いのはあたりまえ」でもありません。国と自治体が、高校教育を安上がりにすませるために、私立高校の学費の保護者負担を押し付けてきたのです。

多彩でユニークな私学教育を受ける権利はどの子どもにもあります。保護者の経済状態にかかわらず三割の子どもは私学に通わなくてはいけないという現状をみれば、私学にもっと公費が投入されるべきなのは明らかです。

就学支援金制度の現状

国公立高校の授業料無償化と同時に始まった私立高校への国の就学支援金制度は、生徒一人あたり国公立と同額の年間一一万八八〇〇円（月額九九〇〇円）を限度に、国が授業料の一部として学校に助成するもので、授業料以外の学費は対象となりませんでした。低所得世帯には加算がありますが、不十分です。

私立高校の学費はおもに授業料と施設設備費からなります。二〇一五年度の全国平均は授業料が年額三九万五七八円、施設設備費が年額一六万九三六〇円。あわせて五五万九九三八円です。初年度はこれに入学金などが加わり、初年度学費の全国平均は七二万二三〇〇円にもなります（全日制。文部科学省の調査による）。

国が私立学校への助成を抜本的には増やそうとしないもとで、都道府県の施策もまちまちです。国による就学支援金の実施以前は、低所得世帯への私立高校の学費減免はすべての都道府県で実施されてきましたが、多くが授業料の一部の軽減であり、授業料以外の学費の負担とあわせると生活保護世帯でも相当額の負担があるのが実態でした。

就学支援金の実施によって、国は、都道府県の学費軽減策とあわせて低所得世帯の負担を大きく減らすとしていました。しかし、全国私立学校教職員組合連合（全国私教連）によれば、生活保護世帯だけをみても、二〇一五年度の初年度学費が年額二〇万円を超える負担のままの都道府県は二八もあり、年額四八万円を超える県もあります。

県によって対応にばらつきがありますが、国の就学支援金制度を理由に二〇一〇年度に私学の授業料助成予算を削減した道県は三一にのぼりました。多くのところで二〇一三年度までに削減分は回復されましたが、一六道県は、二〇一四年度の所得制限の導入による改定を契機にあらためて国の増額分を削減してしまいました。

新潟県では、二〇〇九年度に四億七〇四万円だった私学への学費軽減助成の予算額が、二〇一〇年度は一億三四万四〇〇〇円になりました。新潟県私学の公費助成をすすめる会の調査（二〇一〇年一一月）によると、調査に応じた県内一八の私立高校の三カ月以上の学費滞納者数は、一校当たり一一・五人で前年とほとんど変わりませんでした。経済的理由による退学者は三人で、「母子家庭で母親が病気を患い、三年間通学することに不安を抱いて退学を決意」というケースもありました。二〇一〇年当時、同会の渡辺利宏事務局長は、「県の予算が減らされなければ、年収三五〇万円未満の世帯は施設設備費を含む学費をゼロに、年収五〇〇万円未満の世帯は授業料を無料にできたのに」と話していました。新潟県の生活保護世帯の初年度の自己負担額は、二〇一五年度も年額一八万円を超えています。

二〇一五年度までに低所得世帯の学費（入学金を含まない）を大幅に軽減した自治体もありますが、生活保護世帯の入学金をのぞく学費が全額補助される自治体は埼玉、京都、鳥取、広島の一府三県にとどまり、年収二五〇万円未満でみると鳥取と広島の二県のみ。愛知、大阪もほぼ無償ですが、入学金を含めた生活保護世帯の負担が一番少ない福井県でも「公立高校の入学金相当額だけは負担してもらう」という制度になっています。

とはいえ、二〇一〇年の国公立高校授業料の無償化と私学への就学支援金の導入は、不十分ではあっても高校授業料無償化に向かう大きな一歩でした。自民党政府による二〇一四年度からの所得制限の導入（受給資格を年収おおむね九一〇万円以下の世帯に限る）はこの流れを大きく後退させるものとなりました。

学費無償の原点は

「ねえ、うちって、貧乏なの？」

ある家庭で、授業料助成の申請書類を学校に持って行った高校生が母親にいいました。

「授業料の助成を受けるのは貧乏な家」という観念が高校生たちのなかにつくられているのでしょうか。本当に教育を受ける機会の平等をいうなら、子どもたちをこのような視線にさらしてはいけないはずです。どこで線を引いたらいいかではなく、学ぶ権利の保障という学費無償化の考え方の原点に立って施策を構築するべきでしょう。

現在の制度の根幹には、「受益者負担」の考え方があります。「高校・大学教育の無償化」に向けて抜本的に高校教育予算を増やそうという考えはないのです。全国私教連書記長の山口直之さんは「学ぶ権利は基本的人権であり、国が保障すべきものです。学校に通わせることではなくて、高校教育がめざしている人間としての成長を子どもたちに保障するのが社会と大人の義務ではないでしょうか。経営が大変な学校でも、子どもたちを学ぶことに振り向かせる努力が積み重ねられています。そういう教育実践を保障する教育条件は国と自治体の責任で整備されるべきで、生徒の家族のせいにしてはいけません」といいます。

私学も無償に

就学支援金導入後、私学に通う高校生たちの「私学も無償に」という運動が続いています。どのような家庭の生徒にも、私学本来の意味で私学らしく自由な教育を保障していくという観点からも、私学助成を抜本的に拡充することが求められています。

ある大学付属の私立高校の教師が胸のうちを明かしてくれました。「付属の大学にすすむコースは受験がないから、自由な学習ができる。受験にしばられないで、本来の学びを生徒と一緒に追求できる」と。公立高校も私立高校も大学受験の熾烈《しれつ》な競争のなかにあって、さながら受験のための予備校のようにさせられてきています。

朝一時間目の前に「ゼロ限」。六限のあと、夕方の「七限」「八限」。受験科目のための選択授業。入学式から大学受験の心得が話され、保護者会のたびに受験産業が講師を派遣し、そこが作成した進路選択の資料類が配られます。学校の授業の多くでは、子どもたちが何を学びたいかにはおかまいなく、受験に必要な知識・技能が教え込まれます。

本来の私立学校は、それぞれの建学の理念にもとづき、学校ごとに自由な教育課程が編成され、学園の教育方針に沿う範囲で教師たちの自由な裁量が認められていました。いまや、ほとんどの私立学校が、受験競争を勝ちぬかなければ学校が生き残れないという競争に投げ込まれ、教育の自由を自ら放棄しています。「そういうことはしたくなくても、子どもたちを受験競争に追い込んでしまっている」という教師たちが、できる範囲の努力で、独自の実践を積み重ねています。

私立学校の学費が無償になれば、その学校の教育の中身で進学する高校を選択することが、今よりもずっとしやすくなるでしょう。お金のあるなしで学ぶ権利が規制されることなく、自由な学びを選択できる可能性が広がることになります。私立学校での自由で豊かな教育実践の広がりは、公立学校にも変化をつくるはずです。「私学も無償に」という運動は、学費の無償化だけでなく、教育の自由を求めるたたかいでもあるのです。

学ぶ権利の保障に逆行する統廃合

定時制高校は、中学までに不登校を経験してきた子どもたちの受け皿ともなっています。不登校のために内申点がついていない場合でも入学が可能なところが多いことと、昼夜逆転している子どもたちの生活時間に具合がいいからなどの理由によります。

四章のなかでも触れているように、定時制高校は多くの困難を抱えています。授業を成り立たせること自体が難しく、学業が続けられず中退していく子どもも多いという現実があります。一方、中学までの学校生活で勉強ができないことや人間関係がつくれないこと、いじめなど多くの問題で傷ついてきた子どもたちにできるだけ寄り添い、一人ひとりの学ぶ権利を保障しようという教育が積み重ねられてきた場でもあるのです。「定時制がなくなったら、私、困っちゃうよ」と声をあげる生徒たち。その願いを踏みにじるように、定時制高校の統廃合が各地で進められています。

全日制の公立高校の統廃合がすすめられている地方もあります。子どもたちは遠距離通学を強いられ、交通費の捻出で家計が圧迫されています。効率化ばかりが急がれ、それぞれの学校で積み重ねられてきた教育実践がないがしろにされています。それは、地域・地方の衰退にもつながります。子どもは社会の宝であり、学校は地域の財産だということをもっと大切に考えていく必要があるのではないでしょうか。

高等学校等就学支援金制度への所得制限の導入と学校統廃合は、高校教育の効率化という考え方に基づいています。統廃合は地域住民と関係者の合意なしにすすめるべきではありません。就学支援金制度への所得制限は一刻も早く、撤廃するべきです。そして授業料だけでなく高等学校の学費を、私学も含めて無償化する方向に歩みだしてこそ、子どもたちにとって本当の意味で豊かな学びの場を保障することにつながるでしょう。

中学校までの学校教育のなかで傷つけられ、学ぶ場を失ってきた子どもたちも含めて、すべての子どもたちの思春期後期の学ぶ権利を保障するのが高等学校の役割です。

第五章

居心地のいい場所

「カレンダーに印をつけてるんだよ」

いつも笑顔で「場」にやってくる中学生がいいます。はじめてきたころに比べると言葉数が増え、リラックスできるようになりました。

夕食を家族で囲んだり、家で勉強したり。そんなあたりまえのことがあたりまえにできない。そういう難しさを抱えて日々を送る子どもたちがいます。

二〇一三年の子どもの貧困対策法の成立を経て、子ども食堂や無料塾など食事や学習の支援活動が各地ですすめられています。学校や家庭に居場所を見いだすことが困難な子どもたち。地域社会とつながりが切れてしまいがちな子どもたちに、どのように手をさしのべるのか。

「子ども支援」の現場を訪ねました。

生きる力をはぐくむ

さまざまな事情を抱えた子どもたちを支援する「一般社団法人てのひら」。静岡市内五カ所で、学習支援・生活支援を続けています。月に一回、子ども食堂も開いています。

駿河区の生活支援の居場所では、登録している六人の子どもたちが週一回、送迎の車でやってきます。夕食をはさんで午後六時から八時半まで、スタッフや学生のボランティアたちと思い思いに過ごします。総勢二〇人あまりで囲む食卓のにぎやかなこと。あっという間に時間が過ぎていきます。

勉強道具をもってきてボランティアと一緒に勉強する子もいますが、カードゲームやボードゲームなど、「てのひら」に用意された遊び道具で遊ぶことがほとんどです。「てのひら」副代表の杉村佳代子さんはいいます。「生きる力がついてくれば、必要なときに勉強はできる。『てのひら』は生きる力をはぐくむ場です」。

「ここは居心地がいいから」というのは原野明幸くん（一八歳、仮名）。中学二年の終わりごろから四年間、「てのひら」に通いました。父子家庭で男ばかりの兄弟三人と祖母の五人家族。弟と父親との折り合いが悪く、弟の生活が荒れてスクールソーシャルワーカーが弟の相談に乗っていたのが「てのひら」とつながったきっかけでした。

両親が離婚したのが五年生のころ。母親が大好きだった明幸くんはわんわん泣いたといいます。「そのうち、いない生活になれたけど」。

自分に支援が必要だと思ったことはありません。「たまに、何かがきっかけで自分には母親がいないということを思い出すと、落ち込むんですよ」。「てのひら」で年下の子どもたちと一緒にはしゃいだり、騒ぎすぎてスタッフに怒られたり。そうして、ときをやり過ごすことができました。

「『てのひら』は、支援する側とされる側の境界がない」と明幸くん。目標や夢をもたなかった明幸くんに、目標ができました。

「福祉の道にすすむこと。自分からやりたいって思えたんだ」

二〇一六年春、福祉系の大学に進学しました。

学生ボランティアの一人、仲程慧真《えま》さん（一九歳）は、「自分と違う考え方に触れ合うことができる。自分にとっても居心地のいい居場所」といいます。

杉村佳代子さんの話

登録している子どもの多くがひとり親家庭で育ち、経済的な困難を抱えていたり、虐待を受けた経験があったりします。支援を必要とする子どもに支援が届くよう、市のスクールソーシャルワーカーや生活保護のケースワーカーなどと連絡をとりあいながら、子ども支援のためのネットワーク作りをすすめてきました。学校や児童相談所などの公的な機関が介入することが難しいケースもあります。一つひとつのケースに対応しながら、関係者が当事者の思いを共有し、連携して支援できるシステムが構築されていけばと思います。

折り合いをつける時間

「ただいま！」と、ランドセルを置く間もおしい子どもたち。「おかえり！」と笑顔で迎える指導員。学童保育は、仕事などの事情で、放課後保護者が家庭にいない子どもたちの生活の場、居場所です。

「親たちの働く時間が長くなり、子どもたちは学校、塾、習い事と忙しい」と話すのは、首都圏のある市の学童保育指導員、戸山みち子さん（仮名）。「落ち着きがなかったり、さびしさを抱えていたり。学童保育でたくさん遊べることはとても大事なんです」と続けます。市立小学校の教室を使い、父母会が運営する学童保育です。校庭や体育館を使って遊べます。

忘れ物を注意されるなど学校でいやなことがあったり、友だちとけんかしたり、子どもたちにはさまざまな事情があります。戸山さんはいいます。「気分を変え、人間関係のなかで気持ちを修復し、折り合いをつける時間が必要です。それができる学童保育の存在がより切実になってきていると思います」。

絵合わせ遊びで「ママ」の絵札を捨てながら、「ママいないんだ。私と同じ。ママとパパ、離婚したから」とささやいた二年生の女の子。一年前は、ささいなことで同学年の子とよくぶつかっては泣いていました。「最近は、あまり泣かなくなった」ともう一人の指導員ダイキさん（仮名）がいいます。

怒ってキレると隠れてしまっていた一年生の男の子は、だんだん、見えるところに座るようになりました。下級生と手をつなぐのを嫌がる同級生に「あんたも一年生のとき、つないでもらったでしょ」と注意する子もいます。

「指導員の役割は、子どもたちを受けとめてあげること。ときにはぎゅっとしたり、おなかをかいぐりかいぐりしたり。子どもたちの話をよく聞いて、しかったり、さとしたり。けんかや失敗の実体験のなかで、子どもたちは着実に成長していきます」とダイキさんはいいます。

　勤め帰りに子どもを迎えにきた母親の一人は、「指導員の方たちは、親の話をよく受けとめてくれる。子育てについてこまやかにアドバイスしてくれる頼もしい存在です」と語っていきました。

　戸山さんは二〇一五年には、家出した卒業生（高校生）の家族の相談相手になって、可能な援助をしてきました。「一室四〇人程度という『顔の見える関係』がつくれる規模が大事ですね。子どもを真ん中にして、保護者と一緒に、子どもをはぐくむ。卒業しても、ずっと関係は終わらないんです」。

　隠れ鬼の最中に、子どもたちにもめごとが起こりました。一年生が泣きべそで「二年生がうそをついた」と訴えます。むくれている二年生。四年生が間に入りました。「ごめん。おれが悪いんだ。おれのせいだから、おれが謝る。だからおまえ（二年生）も謝れ。もう泣くな」。指導員の出る幕はありませんでした。

「学童は大きな家族だよ」

「ここは僕にとって『癒やしの場』。『第二の家庭』なんだ」と話してくれたのはタカヒロくん（一五歳、仮名）。「ここ」というのは学童保育です。「兄、姉、妹、弟、たくさんのきょうだいに囲まれて過ごしたから」。

まわりのことを考えずに遊んでいて、指導員に怒られたこと。楽しかったキャンプ。忘れられない思い出がたくさんあります。

タカヒロくんは父子家庭の三人兄妹の長男です。両親はタカヒロくんが小学校にあがる前に離婚し、妹二人は父親が、タカヒロくんは母親が育てました。その母親が急死し、タカヒロくんは父親の元に、四年生のとき引っ越してきました。妹二人は学童保育に入っていましたが、年度の途中だったためタカヒロくんは入れませんでした。

父親が妹二人を迎えにくるまで、暗くなっても学童保育室の外で待つタカヒロくん。見かねた指導員が何かと声をかけ、学年が上がって入室できる日を待ちました。

翌年四月。ようやく入室でき、親子とも安心して放課後を過ごすことができるようになりました。

タカヒロくんは勉強も遅れていて、注意が必要な子どもと思われていました。何かあるたびに指導員が職員室に呼ばれました。「お宅のお子さんが」といわれた父親がやり場のない怒りを表すこともありました。学童保育の指導員が、学校と父親とタカヒロくんの心をつないでいく役割を果たしました。

指導員は、父親とよく話し合う努力を続けました。父母会も父親とつながろうと働きかけました。

初めてのキャンプのとき、ほかの父親たちと一緒に子育てについて話し合うタカヒロくんの父親の姿がありました。「みなさんは殴らないんですか?」「うちでは殴らないよ」「小学生になったら手はあげない」。夜が更けても子育て談義は続きました。

タカヒロくんの父親は、だんだん行事に顔を出すようになり、子どもへの態度が変わっていきました。タカヒロくんがある日、いいました。「『もう殴らないから、おまえもちゃんと考えろ』ってお父さんにいわれた」と。

タカヒロくんの父親はやがて、父母会の役員を積極的に引き受け、「キャンプはおとなも楽しまなくちゃ」とリーダーシップを発揮するようになりました。末の子の卒室後も父母会に関わり続けています。

タカヒロくんの父親が笑顔でいいました。

「よその子の成長を見るのも楽しい。お父さん、お母さん、先生、子どもたちにエネルギーをもらっています。学校は成績の話しかしないけど、学童は違う。ここはおっきな家族ですよ」

つらいときでも笑えた

「今まで通ってきた学校のなかでこの学校も先生も一番好き!」「つらいときでも笑えたし、幸せやったし、素直に楽しかった」「私の居場所があるって思った」「来てよかった」……。

卒業文集に子どもたちの学校への思いがあふれます。

大阪府貝塚市の私立秋桜《しゅうおう》高校。さまざまな事情で全日制の普通高校に入れなかったり、途中でやめてしまったりした生徒が通う通信制の高校です。

「学ぶことをあきらめている子が非常に多いですね。自分の存在を肯定できないでいるとか。そうした子どもたちにどういう援助ができるのか、いつも頭を悩ませています」と、同校の浦田直樹教諭は話します。

小中学校を不登校で過ごした生徒。成績が届かずに公立高校をあきらめてきた生徒。生活が荒れてしまって、気持ちが勉強に向かわない生徒。家計が大変ななかで「高校だけは卒業させたい」という親の思いを負担に感じている生徒もいます。

こうした生徒一人ひとりの実情を理解した上で、それぞれの学ぶ力を引き出そうと、教員たちが努力しています。担任の生徒だけでなく、すべての教職員がすべての生徒にかかわり、話し合いながら教育活動をすすめる学校です。

二〇一六年で開校して一五年、この学校には体罰、制服、管理、強制、競争はありません。規則や力で子どもを縛り、従わせるのではなく、一切の強制的な力を排除して子どもたち一人ひとりに向き合い、子どもたちの悩みに寄り添い、子どもたち自身が解決していく道筋を一緒に見つけていけたら、というのが同校のすべての教師の思いです。入学したいと希望する生徒はどんな事情があっても全員、受け入れます。

「日常的に、喫煙やさまざまな事件が起こります。そのつど、そのときのその子にとってどうなのかを考えあう。処罰しないで解決するのは時間もかかるし、大変です。でも、それこそが教育だと思います」

「いつもぐったりしている生徒の目が輝いていたね」「今度のテスト問題は子どもにとって考えやすいよい問題だったかな」。教員の間でどんなことでも話し合います。生徒の登校の日数は限られています。短い授業時間で一番伝えたいことは何なのか、教科の枠を越えて意見をかわします。職員室は常に生徒に開放されています。授業のない日も「遊びに」くる生徒が大勢います。

浦田さんはいいます。

「みんなが生きていてよかったと思える社会、そういう社会がありうるということを、ここでの時間を通してすべての子どもに実感してほしい。いろんな生徒がいるなかに自分もいて、いろんな先生がかかわってくれる。それが、すべての子どもたちに伝われば」

「普通」のつきあいを大切に

「みんなそろって、いただきまーす！」

生活が大変な子どもたちと夕食を囲む事業が、各地で始まっています。二〇一四年五月から、「一緒にご飯食べナイト」をスタートさせた大阪市西淀川区のＮＰＯ法人、西淀川子どもセンターを訪ねました。

初めてのメニューは豚焼き肉。古い民家を改装した会場に集まった子どもたちとＮＰＯのスタッフ、当日のボランティアが、買い出しや調理を分担します。少し緊張しているおとなたちを前に、子どもたちは思いおもいに振る舞い、リラックスムード。合間にリコーダーの練習や宿題も。みんなで食卓を囲むころにはすっかり打ち解けて、にぎやかに食事がすすみました。

子どもたちの送迎や夕食会のすすめ方など事前に何回も話し合い、四回のモデル実施を重ねて当日を迎えたスタッフ、ボランティア。裏方として同センターの賛助会の実務を担当する中島みきさん（五〇歳）は、「専門家ではない普通のおとなとして、子どもたちと普通につきあうことを大切にしています」と話します。

同センターは、一九九六年からとりくんできた「子どもへの暴力防止ワークショップ」の実践をもとに、子ども自身が相談できる場を地域のなかにつくろうという目的で二〇〇七年に設立されました。

当時保護司だった西川日奈子代表は、「事件になってしまう前に、ごく普通の子どもたちと出会い、地域のおとなと子どもたちとのかかわりをつくって、いざというときに子どもたちがかけこめる場所にしたかった」といいます。

市の家賃半額助成を受けて団地の一室を借り、週二回、居場所として開放しつつ、絵本の貸し出しや学習支援、相談活動などをしています。そのなかで地域の子どもたちが抱える問題が見えてきました。

数人の子どもたちが団地の前にうずくまっていることがあります。西川さんが「いつから食べてないん？」と声をかけると、「朝から」などと答える子どもがいます。「きのうは何食べた？」と聞いたときに「夜中の二時におばさんとコンビニ弁当買った」という子もいました。

西川さんは、「この間、貧困対策として学習支援のとりくみが全国的に広がってきましたが、子どもたちの実態をみると、食事の支援がどうしても必要だと考えるようになりました」と話します。親の離婚再婚や経済的な困窮といった事情で生きづらさを抱えている子どもたちと一緒に食事をする、「一緒にご飯食べナイト」はこうしてスタートしました。食費への助成はないため、一人三〇〇円の参加費でまかなっています。

「してもらう側」から成長

「一緒にご飯食べナイト」で食卓を囲む子どもたちのなかには、相談専門機関等から紹介されてきた子どももいます。

初めて参加したボランティアの手をとって「この人、私のお気に入り」と声をあげる子がいます。センターのスタッフの一人、小林泰子さん（二九歳）は「私自身も自分探しをしているところ。そんな私が子どもたちとかかわることで、何かが変わるのなら」といいます。

当日のボランティアには一〇代～三〇代の学生や社会人が人づてに聞くなどしてつながってきています。ボランティアには研修の時間もとってもらうようにしています。

二〇一四年六月の特別企画では、センターと交流のある兵庫県淡路島の農家に自然体験をしようと出かけました。

屋敷林につくられたアスレチックのはしごをのぼると、こずえから海がのぞめます。「海、見えた？」「うん」。

ブランコやハンモックも。「こわいから押さないで」「大丈夫や」、おとながやさしく背中を押してやります。

竹でできた長い滑り台に歓声が響きます。

「あの子が声をあげて笑うのは久しぶりやね」

昼食は、ハヤシライスとカレー、サラダです。班に分かれてつくります。

「玉ネギで泣いてる？」「太い木を燃やさんかったらコメはあかんで」。

そちらこちらで声が飛びます。

まきで炊くご飯に挑戦したハルトくん（高校一年生、仮名）は、学校に行けたり行けなかったり。「火加減が難しかった」といいながら、五杯もペロリ。「彼は、してもらう側からしてあげる側になろうとしているね」とおとなたちが見守ります。

「子どもたちと本気で鬼ごっこして、すべってころんで、久しぶりに汗をかきました」と笑うのは、ボランティアの山本麻里奈さん（二〇歳）。大学のボランティア支援課で紹介されてきました。「包容力のあるお姉さんになれたらいいなと思います」。

日ごろの都市の生活では経験できない遊びを思いっきり楽しみ、帰路につきました。

「一緒にご飯食べナイト」のスタートから二カ月余。代表の西川さんはいいます。

「子どもたちの居場所づくりをいろいろやってきましたが、ご飯をみんなでつくって食べるって、とっても大事です。楽しい経験をたくさん積み重ねて、子どもたちのよりどころになれればと思っています」

「一緒にご飯食べナイト」は、おおむね一〇～一五歳の七人ほどの子どもを対象に、週二回開催しています。

体も心も喜ぶ時間を

NPO法人西淀川子どもセンター代表・西川日奈子さん

昨今の小学校の卒業式で袴《はかま》などが流行し、「お金がかかる」と困っている親がいます。小学校入学時に、一〇万円のランドセルを買い与える家庭。学校に通うなかで購入しなければならないものはたくさんあって、それがどんどん商売のターゲットにされていく。そういうしくみは、おかしいように思います。

西淀川子どもセンターでは「一緒にご飯食べナイト」という夜間支援や、絵本の読み聞かせなどをしています。居場所の提供は非常に大事で、誰がきてもいい場所、時間、内容を考え、日ごろの活動や行事を組み立てます。消費中心で過ごす余暇ではなく、自然のなかで仲間とありのままの自分でいられるような余暇の支援も。

いろいろな子どもがいて、見えにくい背景を抱えながら、若者ボランティアたちと一緒に時間を過ごし、お互いに少しずつわかりあっていきます。出会いから何年もかかって、ようやく心を開いてくれるようになった男の子が一八歳となり、スタッフの立場でずっとかかわってくれています。

虐待環境のなかで育った子どもたちは、殴られたり、暴言をあびたり、ほうっておかれたりするなかで、認知のゆがみが生じることが多く、金銭感覚や対人感覚が身につきにくいまま、現実社会にたいして孤立してしまいます。子どもの体も心も喜ぶような時間を重ねることで、そんな「ずれ」の修正が少しでもできればと思います。その子のよさや、気持ちがわかること、「うれしそうやったなあ」というような共有の言葉がけ。その場所に待っていてくれる人がいて、喜んでくれる人がいて、対等な関係のなかで自分をつかみ直していくことが必要です。

学習支援も食事支援も「もぐらたたき」のようなもので、関わるほど次々に課題が見えてくる。肝心の子ども本人の困難は、簡単に解決しません。そもそも、「学校の時間だけでは足りないから塾に行かせるべし」という通念に納得できません。教育の本質、家庭の役割、子どもの何を大事にし、なぜ学ぶのかが問われていると思います。

「将来のために」ばかりでなく、子ども時代を、自然や人とのかかわりのなかで過ごすことが大事です。人生の想像力の多くは、子ども時代の体験によって培われるからです。

子どもには「いっしょに幸せになりたい」と願う力があります。どこかで線を引く「ぶつ切りの支援」から、「つながりの支援」へと、おとながその気になることです。まず学校という場が子どもたちにとって、心から安心できる場になるように努力すべきです。「ここは自分が自分でいられる」と子どもたちが思えるには、学校の中で「自分も他人もきちんと尊重される心地よい体験」が必要です。

国や自治体にしかできない「しくみ作り」は、ばらまきではなく、学校教育のすべての費用を無償にすることと、塾がなくても学力が身につくことの二つです。北欧ではあたりまえのことですが、この二つは学ぶ権利をすべての子どもに保障するための前提です。

医者だから見える困難

健和会病院（長野県飯田市）副院長・和田浩さん

この数年間で、「子どもの貧困」に関する小児科医の認識は大きく変わってきたと感じます。以前は「自分の患者さんのなかにはそういう親子はいない」という医師が多かったのが、「確かにそういう患者さんはいますね」という話がされるようになりました。

二〇一六年五月、日本小児科学会会長（当時）の五十嵐隆氏が学会で子どもの貧困について講演しました。小児科学会のメインの企画としては初めてで画期的なことです。貧困が子どもの健康を悪化させるというのは、欧米ではあたりまえのこととして議論されてきましたが、日本ではそういうことはほとんどなかったのです。

私自身も本で「貧困層の子どもに入院が多い」「ぜんそくや肥満が多い」などと読んでもすぐには信じられませんでした。その後自分たちで調査をしてみるとやはりそういう実態があることがわかりましたが、実感としてはなかなかつかみにくいのです。

「どうすれば子どもの貧困が見えるか」と考えてとりくんできましたが、最近では、それは簡単なことだと感じています。時間外ばかり受診する、指示を守らない、厚化粧、あいさつができないなど、私たち支援する側が「困った人だ」と感じる時、相手はきっと何か困難を抱えていて、その背景に貧困があることが多いのです。

医師だけでなく、看護師、事務、病児保育士など病院のスタッフが、待合室や会計、病児保育室での様子などの情報を共有することでもっとよく見えてきます。

医者は、むしろ貧困が見えやすい立場にいると最近思います。

孤立している親子にとって、小児科だけが社会の接点という場合もあります。

医者は、病気の治療を通して個人の情報を把握し、家庭のなかに踏み込みやすい。ちょっと気になった時に「経済的に大変だったりしませんか?」と聞くと、仕事の大変さ、生活のしんどさが語られることが多いのです。「先生がそんなことまで心配してくれるんですか?」と驚かれますが、そのことを通じて信頼関係を深められます。

一見「ダメな親」としか見えない人でも、よく聞くと、がんばっているところもあるのがわかってきます。そんな親子の自己肯定感を高められるような接し方をしていきたいと思います。

国がまずやるべきことは、貧困そのものをなくすことです。税金を誰からとってどう分配するのか。労働者の働き方も含めて、所得の再分配の問題をあいまいにした「貧困対策」は本当の貧困対策ではありません。

医療費の窓口負担は貧困層だけを医療から遠ざけるものです。受診抑制効果は貧困層ほど高いのです。「心配だから受診する」というのは健康の維持のために必要なことです。「こういうときにはあわてなくていい」という判断ができるような教育も含めて、小児医療の課題なのです。

所得再分配と向き合う
北海道大学教育学研究院教授・松本伊智朗さん

「子どもの貧困」という問題に光があてられ、学習支援や「子ども食堂」などのとりくみが各地で広がってきました。そのこと自体はとても大事なことです。でも、それのみが貧困対策かというと、それはどうでしょう。

それらは、貧困に起因する不利を軽減しようというとりくみであって、貧困そのものをなくそうというものではありません。そういうものを含まない貧困対策は考えにくいわけですが、貧困をなくしていくことを考えれば、所得の再分配の問題を避けるわけにはいきません。

労働者の賃金・労働条件、所得保障をどうするか。加えて教育、住宅、医療など暮らしと健康に直接かかわるものの市場化に歯止めをかけ、社会的に準備することが必要です。介護や保育もそうですね。それらが社会的に整備されてこそ、個別の支援が生きてきます。言い方をかえれば、そうしたものの社会的な整備が遅れているから、ますます個別支援が必要な状態になってしまう。もちろん、個別支援によって確実に支えられている人が一人でも二人でもいることの意味は大きいのですが、貧困対策といった場合には、貧困そのものをなくす動きがあるのかないのかということが問われてくると思います。

現状では、子育てを家族というしくみに依存している社会があります。家族への依存度が高くなるほど、子どもの保育・教育は親の財布に左右されます。そういう構造をどう変えていくか。子育てを社会で負担していくというのはどういうことか。

学習支援の問題でいえば、「勉強すれば貧困がなくなる」というアピールになってしまわないか。「勉強ができなくても大切な一人の子ども」という発想がなくなってしまって、支援しても勉強できない子どもが「あなたのせいよ」と切り捨てられないか。勉強への意欲以前に、選択肢が制限され、生への意欲がそがれてしまっている子どもへの支援となりうるのか。

「貧困の連鎖を断つ」という言い方には注意が必要です。連鎖という言葉から浮かび上がる貧困のイメージは、家族に焦点があたりやすく、世の中の不公正を見逃しやすい。

個別の家族の問題に解消することなく、子どもが不利を継承していくような社会を問い直していく見方が必要です。

貧困をなくそうとすれば、所得の再分配に正面から向かわなければなりません。「日々、なんとかなっているけどしんどい」という人たちの生活をどう支えるか。親が稼げないのが悪いのではなく、子育てにお金がかかりすぎるのが問題です。保育料・教育費の無償化など、子育てにかかる費用を社会が負担するしくみをつくることが不可欠です。

〔記者ノート⑤〕

貧困を乗り越える力

「自己責任」論のしかけ

貧困は個人の責任ではありません。今の日本の社会のしくみが必然的につくりだしているものです。「自己責任」論は社会の責任を放棄するための権力による巧妙なしかけです。

結婚・出産を機に退職を迫られる女性はあとを絶たず、彼女たちが出産後に再就職をめざしても、多くの場合、時間給が八〇〇円から一〇〇〇円程度のアルバイトしかありません。就職のための面接では、「お子さんが熱を出したらどうするんですか」

と必ず聞かれ、保育園は仕事が決まっても入れない。正規でも非正規でも同一労働同一賃金（性別や雇用形態による賃金差別・格差をなくすために同じ仕事をしている労働者には同じ賃金を保障する）という、ヨーロッパではあたりまえの労働のルールが日本では確立しないまま、資本に都合のいい安上がりの労働力の確保政策がとられ、非正規労働が増やされてきました。

日本では、男性正規社員に比べて女性正規の賃金は七割、労働者の四割を占める非正規の賃金は正規の五～六割です。そこから、ダブルワーク、トリプルワークをせざるを得ない事情が生まれます。子育て世代の労働者の多くが充分子どもと向き合う時間がとれないほど長時間労働を強いられ、都合よく労働力を搾取されています。景気が悪いのは個々の労働者の責任ではないのに、「仕事がないのでシフトを変更してください」と、働きたくても働けない状況にさせられます。

安倍政権は、「働き方改革」の重要課題に「同一労働同一賃金」を掲げていますが、「多様な働き方」とうたって名前だけ「正社員」の低賃金・不安定雇用をいっそう拡大しようとしています。労働者全体の賃金水準はさらに下がりかねません。

子育て世代の雇用・労働環境が厳しいうえに、教育費の保護者負担の重さは諸外国に比べて突出しています。中学卒業までの義務教育費は「無償」という建前ですが、実際には給食費や教材費など、年間に少なく見積もって数万円単位、入学の年には一〇万、二〇万とかかってきます。生活がぎりぎりの家庭にとってはたいへんな負担です。

高校授業料は一部軽減されたものの、無償化にはまだ遠く、家計を大きく圧迫しています。経済的な事情で公立高校を志望していても、受験競争が厳しくて入れるとは限りません。そうした子どもは無理をして私立高校に行くか、中卒での就職を強いられます。しかし、企業の多くが「高卒」以上の学歴を求めているため、「中卒」では劣悪な労働環境の職場かアルバイトしかないのが実状です。

大学は国公立でも初年度納付金が八〇万円を超え、返済不要・無利子の奨学金は少なく、ほとんどの「奨学金」が名前を変えた学生ローンです。卒業時に数百万円の借金を背負って社会人生活をスタートさせる若者もいます。高校入学から大学卒業までかかる費用は一人平均一〇〇〇万円を超えるともいわれています。

これらの問題は、国の公教育への支出が少なすぎるために起きています。高校・大学教育の段階的無償化、給付制奨学金の拡充など、国がその気になればすぐに足を踏み出せることはいくつもあります。それをしないで、親の経済力にまかせてきたのです。

国や自治体がうわべの「対策」ではなく本当に貧困をなくそうと考えるのであれば、給食費を含む義務教育費の完全無償化や、託児ではない保育の保障などに向かうのは当然のことです。「経済大国」といわれる日本で、社会の次の世代を育てるためにかかる費用を「お金がないから」という理由で先送りするのは、その気がないということです。教職員の待遇改善など保育園や学校が「貧困の防波堤」としての役割を果たせるような施策と合わせて、雇用・労働環境の改善、認可保育園の抜本的な整備や公教育・保育の無償化など貧困をなくすための施策が必要です。

「子どもたちと向き合う時間がほしい」

文部科学省は、毎年小学六年生と中学三年生の全員を対象に行っている全国学力テスト（二〇〇七年度から実施）で子どもを競わせ、学校・自治体・都道府県を競わせ、学校に順位をつけて、自治体によっては学校予算の配分まで差別化しています。評価によって賃金・待遇が左右される教員評価制度によって、互いに対等・平等に意見を出し合える教員間の人間関係は著しく損なわれています。子どものことで自由に意見交換ができたかつての職員室の雰囲気は、個々バラバラにパソコンに向かって仕事をする教員たちの姿に置き換えられてしまいました。先輩教師たちが教室で子どもたちといっしょにさまざまな問題に直面しながら、学級のみんなでよく話し合うことを中心に問題を解決し、成長していった経験は、いまの若い教師たちにはなかなか引き継がれません。

小学校でも休み時間に子どもと遊ぶ教師の姿が見られなくなりました。子どもたちは「先生は遊んでくれない」と口々にいいます。中学や高校では「先生が話すのは成績や進路のことばかり」。教師は学校評価や指定された研究発表のための準備など授業準備以外のさまざまな事務仕事に翻弄され、子どもたち一人ひとりの毎日のあれこれに心をとめる余裕がなくなっています。職員会議は子どもと学校についての教師たちの自由で民主的な話し合いの場ではなく、校長が決めたことや校務分掌などの連絡・伝達の場になってしまいました。

東京都内のある中学校の教師は「子どもたちと向き合う時間がほしい」と訴えます。三年生を担任する三〇代のこの男性教師は、せめてクラスの生徒一人ひとりの進路をきちんと考えて話し合う時間がほしいといいます。この教師の学校では、放課後の補充学習の時間を確保するため、昼休みが清掃の時間になりました。遊べなくなった子どもたちは、「昼休みがほしい」と生徒会で声を上げようとしましたが、管理職から無言の圧力がかかり、「どうせ無理だから」とあきらめさせられました。教師にとって昼休みは、ちょっと気になる子どもに声をかける貴重な時間でしたが、それができなくなりました。「うちの学校では半数以上の教師が、一日一二時間以上労働があたりまえのようになっていますよ」と語ります。

学校が子どもたち一人ひとりのありのままの存在を認める場所になれないのは、教師の努力が足りないからではありません。

新自由主義による学校の変容

新自由主義の教育観にもとづいて、学校は「経営計画」を立てるようになりました。教育委員会の方針に一教師が異論を唱えることは難しく、「不登校をゼロにする」、「いじめをゼロにする」などの数値目標を掲げて達成することが求められます。一人ひとりの教師は「経営計画」に沿う形での「自己申告書」を書かされます。「意見がちがっても、『できません』とは書けません」という教師がいます。全体として学校が子どもと教師から自由を奪い、教育委員会のいいなりになって経営目標を達成する場とさせられているのです。決められた通りの授業時数を確保したという報告書を作るために、「かなりの労力を費やされる」という教師。「報告書を書く時間を子どもと話す時間にあてたいですよ。いじめや不登校など、報告自体は必要だとは思いますが、教育委員会に報告しても、問題が解決するわけではないですから。子どもに向き合わなければ、問題は解決しません」と続けます。教師の多忙化が解消する見通しは、こうしたしくみのなかでは見えてきません。

四人の子どもを育てたある母親は、「この十数年間のあいだに先生たちがものすごく忙しくなっている。子どもたちを見る余裕がなくなっているのを用事で職員室にいくたびに感じる」と話します。教師たちが子ども一人ひとりの内面を思いやれるだけの余裕がもてなくなっているのです。

「高卒」以上の学歴を求める社会のためにすべての子どもが高校受験の競争のなかに投げ込まれます。その競争に勝ち残れない子どもたち、勉強についていけない子ども、問題があるとみなされた子どもは学校から排除され、居場所を失い、社会の底辺へと押しやられていきます。そういう子どもは家庭にも居場所がないことが多く、そうした子どもたちへの社会的支援は非常に限られています。高校受験は、貧困と格差を広げる契機となっているのです。

「思春期」という子どもたちが大人になるための大事な時期に、学校教育が受験の準備に追われてしまう。ほとんどの子どもが高校に行くのに、どうして子どもたちを成績順に序列化して、選別しなければいけないのでしょうか。

学校教育が、子どもたち一人ひとりの豊かな人格形成のためではなく、財界の求める「人材」養成を目的とするものへとゆがめられているからです。

フリースクールや不登校の子どもたちの親の会などの関係者の間で賛否の議論が起こっていた、「教育機会確保法案」が二〇一六年一二月、自民、公明、民進、維新などの賛成多数で可決成立しました（共産、自由、社民は反対）。この法律は、「不登校児童生徒」を「相当の期間学校を欠席する児童生徒であって、学校における集団の生活に関する心理的な負担その他の事由のために就学が困難である状況」と定義しています。不登校は子どもの内面の問題だとして学校の責任に触れないものであり、今の学校の抱えるさまざまな問題の責任を子どもと保護者に転嫁するものです。その根底には、人間を「人材」としてみる見方が貫かれています。この法律のめざす方向からは、行政が子ども・保護者・住民と一緒に学校を変えていこうとする努力は生まれにくくなります。「不登校の子どもと保護者がよりいっそう追いつめられるのではないか」と関係者から指摘されています。

平和への努力と不可分

いじめや不登校、学級崩壊など、いまの学校教育において指摘されるさまざまな問題の深刻化の背景に、新自由主義による競争教育の激化が横たわっています。学歴社会、競争主義、暗記重視の教科教育、規律強制の生活指導、そうしたものが貧困と格差を押し広げることに加担しています。戦後、貧困の防波堤としての役割をにない、格差をせばめる役割を果たしてきた公教育は、新自由主義の競争教育・管理主義教育によって、今では貧困を再生産し、格差を拡大する役割を果たしていると言わざるを得ません。

新自由主義の競争教育の路線は、日本が起こした侵略戦争を「大東亜戦争」と美化し、日本軍「慰安婦」問題をなかったこととし、教科書の記述を改めさせ、教科書検定に介入する人たちによって進められてきました。彼らは、二〇一五年九月一九日、安保法制（戦争法）を国会で強行採決し、戦争が起きている海外に自衛隊を「出兵」できるようにして、国際紛争に軍事介入しようとしています。侵略戦争を反省できない勢力が、大資本のいいなりになって権力を握り、資本の横暴への規制を次々に緩和していきます。保育園も学校も、市場化の波にさらされ、競争に追い立てられ、彼らにとって都合のいい「人材」養成の道具にされようとしています。一人の個人をふみにじってもピクリともしない権力がそこにあります。

一方で、戦後の日本の教育関係者の多くは、日本だけではない多くの人々を傷つけた痛苦の経験をへて、「戦争だけはいけない」という思いで、戦争にかかわる教科書の記述の改悪や「日の丸・君が代」の学校教育への押し付けに反対してきました。日本は、自らの起こした侵略戦争によって、アジアの国ぐにだけでなく、私たちの父母、祖父母にも絶大な苦しみを押し付けました。国民の多くは、侵略の手先として動員されると同時に戦争の被害者でした。多くの教師たちが、侵略戦争を正義の戦争だと子どもたちに教えこんだ戦前の「天皇絶対」の軍国主義教育への反省から、「子どもが主人公」の教育へと、粘り強い教育実践を積み重ねてきました。

東京で不登校の子どもたち・親たちの相談にのっている元教員の伊藤史子さん（七六歳）は、次のように話します。

「私は戦争のとき、朝鮮にいました。まだ幼かったけれど、朝鮮の人たちにとってはまぎれもない侵略者の家族だったことでしょう。戦後、日本に戻って、成長して教師になったけれど、ずっと負い目がありました。だから、戦争だけはいけないというのが生き方の原点にあります」

こうした教師たちによって平和教育、主権者教育の実践が豊かに繰り広げられました。この努力は同時に、貧困を乗り越え未来に生きる人を育てる営みでもありました。貧困問題を打開し、持続可能な社会を構築する未来の人をはぐくむ教育の営みは、侵略戦争を許さず、世界中の国ぐにと真の友好関係を築こうとする努力と不可分のものなのです。

子どもを権利の主体者としてみる

そうした先人たちの思いを引き継いで、新自由主義の競争教育が学校現場をがんじがらめにするなかでも、子どもたち一人ひとりに目を配り、家庭の問題にも踏み込んで手助けをしていく教師たちや、そういう教育を貫いている学校が存在します。すぐに目に見える成績、進学率などの数値で表される成果が求められ、一人ひとりの子どもに寄り添って一緒に問題を解決していくような数値で表されない努力が難しくなっている今の学校のなかで、その苦労は並たいていのことではありません。そこで積み重ねられている実践から学ぶことは実にたくさんあると思うのです。

子どもという存在をどう見るか、子どもの学ぶ権利をどう保障するのかという問題と、子どもの貧困問題は切り離せません。貧困のただなかにいる子どもたちが生きる展望をもつこと、貧困を乗り越える力をもつことが、貧困問題の打開のためには必要だからです。どの子も一人ひとりが大事にされなければいけない存在なのだということが、どのような状況でも貫かれなければなりません。人を企業社会に都合の良い

「人材」としてみる人間観とは相いれないのです。同時に、子ども自身を権利の主体者としてみることが求められます。権利の主体者として自らの権利を行使できることが、貧困を乗り越える力となります。

権利の主体者としての学びには、自由が保障されなければなりません。内容や方法を強制された学びのなかでは、子どもたちの学習活動は制限され、豊かな発想や自由な意見の表明はしにくくなります。受験というシステムで教育をゆがめ、一方的な知識の注入やノウハウ化した「コミュニケーション力」の育成を図るようなやり方のなかに、学びの自由はありません。子どもたち自身を権利の主体者とし、自由に学ぶ権利を保障するのかどうかが社会に問われています。

貧困とは、子どもを権利の主体者として認めない立場の人々が、立場の弱い人々(子どもたち)に生きる上での困難を押し付けているものだともいえるのではないでしょうか。

貧困を乗り越える展望、子どもたちの一人ひとりが大事にされて、「私はここにいていい」と思える社会を築く展望は、貧困の責任を当事者に押し付ける権力とのたたかい抜きにはみえてきません。貧困を乗り越える力とは、権力とたたかい社会を変革する力なのです。

エピローグ〜マサタカとマミナ

「おれ、一一月にパパになるんだ。絶対かわいがるし」——マサタカ（一七歳）の目尻は下がりっぱなし。隣で妊娠四カ月を迎えたマミナ（一七歳、通信制高校三年生、それぞれ仮名）が「家事もお願いね」と笑います。

マサタカは転居したばかりで友だちが一人もいない学校で中学生活を始めました。知り合って間もない同級生の母親に、「中三になったら家出する」と宣言。「そのために友だちをたくさんつくるんだ」といいました。

中学校ではすぐに「問題児」扱いされるようになりました。同級生の前で教師に殴られたり蹴られたり。休みがちになり、私服で校内に入って生活指導の教員に追いかけられたこともありました。

放課後、毎日のように同級生の家に入り浸り、その家の母親に、「うちのお母さんはよそのお母さんとは話ができない。働くこともできない。病気なんだ」と打ち明けました。マサタカの母親と姉と三人、生活保護を受けていました。マサタカはときどき「食べさせて」「泊まらせて」といって、その家で夕食を一緒に食べたり、泊まったりするようになりました。

マサタカの住むアパートは「たまり場」となり、生活が荒れた子どもたちが酒やタバコに手を伸ばす空間となりました。万引きの「戦利品」で祝杯をあげる子どもたち。集まるのは、家庭や学校に居場所がない子どもたちでした。

エネルギーをもてあまし、壁に穴をあけたり、公園のトイレのガラスを割ったり。他校の生徒と殴り合いになったこともありました。中二の冬、マサタカが被害者となる事件が起き、「たまり場」は消滅しました。春、マサタカは父親のいる町に引っ越していきました。

中三の秋になって、「食事がきちんととれていないらしい」という連絡が、人づてに、かつての同級生の母親に届きました。父親のもとでの生活も、困難が多いようでした。

心配してかけつけた元同級生の母親に、「今は助けはいらない。助けが必要になったらいうから」といいました。早く親から自立したかったマサタカは、「高校には行かない」

と決意。「この親方なら信頼できる」と、友人の父親の建設会社に就職を決めました。就職して親方の家に住み込みで働いていましたが、一年ほどしてアパートを借り、一人暮らしを始めました。食事づくりも掃除も自分でしています。

職人としての道を歩き始めたマサタカ。「仕事が速いって先輩にほめられた」とうれしそうに報告します。まかされた仕事をこなしていくなかで、自分の仕事が評価されることに喜びを感じ、自分の成長が実感できるようになりました。そばにいつもマミナがいました。

「お金の心配はあるけど、愛情の心配はないよ」と、マサタカはいいたそうでした。

初めて会ったときのにらみつけるようなまなざしが忘れられません。全身の毛を逆立てた猫のように、「大人なんか信じない」と全身で表していたマサタカ。信頼のおける人たちと一緒に過ごす時間が増えていくなかで、だんだんと彼のまなざしが落ち着いて、優しい空気をまとわせるようになりました。ごつごつした、ピリピリした、それでいて内面はとても繊細だった彼はいま、大人たちの力を借りて、マミナとの家庭をどうやって守ろうかと一生懸命考えています。

一〇月の終わり、マサタカに男の子の赤ちゃんが生まれました。マミナは実家に帰って出産したので、地元で仕事のあるマサタカはしばらく別居です。

この子がいまよりももう少し明るい展望を抱ける世の中になるように。マサタカとマミナが力を合わせて、まわりの力も借りて、子育てできるように。社会が子どもたちの困難にどのような手をさしのべるのかが、今鋭く問われています。

おわりに

長男が中学一年生の年に、二人のママ友を失いました。一人は自殺、一人は病死でした。三人で中学校の自転車置き場で子どものことを話し合ったことがありました。「思春期って難しいね」「子どものいうことをちゃんと受け止めなくちゃと思っても、反抗されると怒っちゃうんだよね」「そうそう。うちもこの前、……」、薄明りの自転車置き場で三〇分以上もそうやって。二人とも心残りがたくさんあったろうと思います。

それから、残された子どもたちと時折一緒に食事をしたり、勉強したりしました。十分なことはできなかったけれど、あのころのわが家が、彼らの「居場所」になりえたことが、私にとっては友人を失った心のなぐさめとなりました。

さまざまな子どもたちの支援グループを取材して抱いた共通の思いは、ボランティアで「支援している」おとなや学生が、そこにくる子どもたちの存在によって「支援されている」ということです。わが家でも、毎日五人、一〇人と集まってくる子どもたちが、私たちの日々を暮らすエネルギーとなりました。

「帰りたくないオーラ」を振りまいて、ゲームに没頭している子。遅い時間にやってきた子を送っていったら二人きりになった時に「お父さんがいなくなった」と打ち明けてくれたこと。勉強ができないというレッテルを貼られた子が、一緒に方程式を解いたらそれから一週間、毎日目を輝かせて「数学やろう」とやってきたこと。お父さんが闘病している子が、「おれは酒もタバコもやらない。健康第一」と決意したこと……。いろいろなことがありました。

この子どもたちのための仕事をしたいと、思い続けてきました。十分にできたかどうかはわかりませんが、この本を、子どもたちと亡くなった二人のママ友に贈りたい。そして大勢の生きているママ友・パパ友に、子どもたちにつながりたいと考えるすべての大人たちに、ここに登場する子どもたちの思いを受けとめていただけたらと思います。

『誰かボクに、食べものちょうだい』を出版したとき小学生だった私の息子たちは、二人とも高校生になりました。私の記者活動とわが家での「子ども支援」のとりくみを一緒に支えてくれた家族・赤旗編集局の同僚のみなさん、この本の出版のためにインタビューの収録を快く承諾してくださったみなさん、取材にご協力くださったみなさんに、この場をお借りしてあらためて感謝申し上げます。

学校や社会からはじき出されて孤立していく子どもたちから、人と人とのつながりの大切さを学びました。大人社会が夢や希望を語り、人生をあきらめないための展望をもってこそ、子どもたちに「夢をもて」といえるでしょう。その出発点は、人と人とのつながりのなかにあると思うのです。

自身の地域で、できることを始めたい、困っている子どもたちの力になりたい、そのように考える大人たちが増えていると思います。

身近なところで同じ思いを抱く大人たちがつながることから始められたら。困っている人と、行政や民間の支援者をつなぐ役割を果たせる大人たちが増えていったら。そうしたとりくみのなかで、貧困を生み出している社会のしくみを変えようという動きをつくりだせたら、世の中は変わっていくと思います。

自分の子どもたちをみていても、取材で出会った子どもたちを見ていても、過ぎ去ってみると子ども時代はあっという間です。その限られた子ども時代という時間をすべての子どもたちが輝いて過ごせるように、大人として考え行動すべきことはたくさんあるのではないでしょうか。

ある高校生が私に言いました。「学校の友だちって、会社の同僚みたいなもんだよ」と。「本音を話すことができるなんてありえない。なんでもノリだからさ、演技だよ。ノリでおれ、こんなこともやっちゃうし、みたいなね。それは本当のおれじゃない。みんなそうだと思うよ。そのくらいで人間関係ちょうどいいじゃないのって思っている人、多いと思う。そういうのについていけない人はつらいよね」。

高校生は続けます。「おれ、やばいと思うよ。これからの世の中。おれらみんなスマホだろ、ネットだろ、人間と人間の関係がゆらいでるんじゃないかって。おれは政治のことかけっこう真剣に考えているけど、そんなことを話す友だち、ほとんどいないから。大人たちはこの問題をもっと深刻に考えたほうがいい」。

彼の不安はもっともなことだと思います。同時にそれを不安に思う彼の感受性、いまの学校に居場所を見出せない子どもたちの感受性、そのなかに、この不安を乗り越える力が隠されていると思います。

貧困は当事者の問題ではなく、彼らを貧困に追いやる社会の問題です。その責任の所在をあいまいにしたまま、困難な子どもをはじき出す社会には、明るい未来はないのではないでしょうか。

子どもたちの現実を直視する人々のあいだには、「こんな社会はおかしいよね」という思いがあふれています。権力と権力に追随する人々が、どんなに「貧困は当事者の責任だ」という論調を流しても、問題が解決することはありません。一方で、「おかしい」と感じた一人ひとりが声をあげることは、間違いなく貧困の解決に向かう力をつくりだすのです。貧困を乗り越える力は、権力とたたかい社会を変革する力です。それは、みずから主体的に自分の人生を生き抜く力だといってよいと思います。

二〇一六年一二月

孤立《こりつ》していく子《こ》どもたち――貧困《ひんこん》と格差《かくさ》の拡大《かくだい》のなかで

2017年1月25日　初　版

著　者　しんぶん赤旗社会部
発行者　田　所　稔

郵便番号　151-0051　東京都渋谷区千駄ヶ谷4-25-6
発行所　株式会社　新日本出版社
電話　03（3423）8402（営業）
03（3423）9323（編集）
info@shinnihon-net.co.jp
www.shinnihon-net.co.jp
振替番号　00130-0-13681

印刷・製本　光陽メディア

落丁・乱丁がありましたらおとりかえいたします。

ISBN978-4-406-06117-9 C0036　Printed in Japan